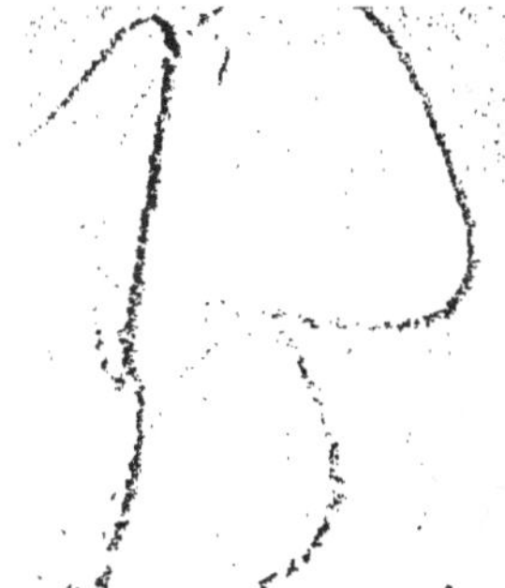

AF562179

RECUEIL

CURIEUX & ÉDIFIANT,

SUR LES CLOCHES DE L'EGLISE,

Avec les Cérémonies de leur Bénédiction.

A L'OCCASION DE CELLE QUI FUT FAITE A PARIS le Jeudi 3 Juin 1756. à l'Abbaye de Penthemont, Sous le Gouvernement de Madame DE BETHISY;

En présence & aux noms

DE MONSEIGNEUR LE DAUPHIN,

ET

DE MADAME ADELAÏDE DE FRANCE;

ET

le Mardi 14 Septembre suivant à l'Abbaye au Bois, Sous le Gouvernement de Madame DE MORNAI,

En présence & aux noms

DE MONSEIGNEUR LE PRINCE DE CONDÉ,

ET

DE MADAME LA PRINCESSE SON EPOUSE.

Peuples, *aux seuls noms des augustes personnes, qui par un prodige d'amour & de respect pour la Religion & pour l'Eglise*, se sont assemblées pour honorer le Dieu d'Abraham, *en la manière que vous voyez*; applaudissez tous, frappez des mains: & témoignez lui votre ravissement par des cris de joye. *Ps. 46. v. 1. & 10.*

A COLOGNE.

1757.

TABLE DES CHAPITRES.

RECUEIL CURIEUX ET ÉDIFIANT, ſur les Cloches de l'Egliſe, AVEC les Cérémonies de leur Bénédiction.

CHAPITRE PREMIER.

Ce que l'on entend ici par le mot de Cloche, CAMPANA, CAMPANUM.

LE mot de *Cloche* s'employe par pluſieurs Artiſtes, pour ſignifier différentes machines ou opérations qui leur ſont propres. Mais ici, il ſignifie un inſtrument de métal fait en forme de poire ouverte par en bas, avec un battant ou batail de fer, *clava, tudicula, tintinnabulum.* C'eſt une eſpéce de marteau fait en forme de maſſue, ou un morceau de fer long & rond, & beaucoup plus gros par le bout d'en bas, que par celui d'en haut, qui pend au milieu de la Cloche, & qui frappant à droite & à gauche ſur les bords, la fait ſonner. Son poids doit être proportionné au poids de la Cloche. L'art de le fondre & de le proportionner, eſt écrit au ſixiéme Livre de la Pyrotechnie de Beringullio. Celui de la groſſe Cloche de Paris peſe 1300 livres. Voici le nom & l'explication des autres parties d'une Cloche.

1°. La Beliere, eſt l'anneau qui ſuſpend le battant.

2°. Le Cerveau, eſt ſa partie la plus haute qui eſt faite en timbre ou calotte. *Superior Campanæ pars, galea in morem arcuata.*

3°. Les Ances, ſont ces eſpèces d'anneaux qui ſont au-deſſus & tout au milieu de la calotte, & qui s'enclavent dans un gros morceau de bois appellé Mouton, *Campanæ inſtructus*, lequel eſt ſuſpendu ſur une groſſe charpente.

4°. Les fauſſures de la Cloche, ſont les traits ou les courbures de l'endroit où elle s'élargit.

5°. Les Pinces, ſont les bords où frappe le battant.

Les Fondeurs ont un diapaſon, ou une échelle campanaire, qu'ils appellent auſſi brochette & bâton, qui ſert à connoître

& à mesurer la grandeur ou l'épaisseur, le poids & le son des Cloches.

Les Musiciens mettent les Cloches entre les Instrumens de percussion. Percussion est un terme de Physique qui veut dire l'impression d'un corps qui frappe, qui tombe sur quelqu'autre, *percussio*. C'est le choc de deux corps qui s'approchant l'un de l'autre s'empêchent par leur impénétrabilité. Tous les sons ne sont autre chose qu'une percussion de l'air, *aëris agitatio*, *pulsatio*. Ainsi les Tambours, les Cloches, font un grand bruit, à cause de la violente percussion de l'air. C'est une maxime générale, que quand deux corps se frappent, comme le battant & la Cloche, la percussion est mutuelle & égale de part & d'autre. Ainsi la force de la percussion sera d'autant plus grande, que leur approche mutuelle se fera avec plus de rapidité.

La matiere des Cloches est un métal composé de 20 ou 24 livres d'Etain sur cent livres de Rosette. C'est ainsi que l'on appelle le Cuivre pur & net, tel qu'il est lorsqu'il vient des mines en grandes plaques ou lames, qu'on appelle plates, ou de sa premiere fonte, & lorsqu'il n'est point mêlé de calamine, qui de rouge qu'il est naturellement, le rend jaune. *Æs primæ fusuræ*. On ajoute à ce mêlange d'Etain & de Rosette deux livres d'antimoine, pour rendre le son des Cloches plus doux. On donne quinze fois l'épaisseur du bord au diametre d'une Cloche, & douze bords à sa hauteur.

La grosse Cloche de Rouen pese quarante mille livres, & s'appelle *George d'Amboise*. D'autres ne disent que trente mille livres, comme le portent les vers latins qu'on lit dessus. Dans la description géographique de la Haute Normandie, tom. 2. page 25. on marque qu'elle a dix pieds de hauteur, y compris les ances, & qu'elle pese 36000 liv. Elle fut fondue le 2 Août 1501. Son battant est de sept cens dix livres. Sa circonférence de trente pieds, & son diametre de huit pieds & un tiers.

Nankin Ville de la Chine, étoit célébre autrefois par la grandeur de ses Cloches. Mais leur poids énorme ayant emporté le Donjon où elles étoient suspendues, tout le Bâtiment tomba en ruine, & les Cloches sont depuis demeurées à terre sans qu'on se soit mis en devoir de les remonter. La hauteur d'une de ces Cloches est de onze pieds de Roi. & son ance de deux. Son diametre pris dans la plus grande largeur en a sept, si on y comprend l'épaisseur des bords. La circonférence extérieure est de vingt-deux pieds. Et quoiqu'elle diminue en montant, ce n'est pourtant pas en même proportion que nos Cloches d'Europe, car sa figure est presque cylindrique, à la réserve d'un renflement considérable qui paroît vers le milieu, où le contour est aussi grand que celui de ses bords. Elle est entourée de plusieurs moulures, filets & plate-bandes. Le limbe inférieur a six poulces & demi d'épaisseur, ce qui diminue toujours jusqu'à la courbure où commence le coroïde, de sorte que sous l'ance elle n'est tout au plus épaisse que de deux poulces, ce qui se peut mesurer assez précisément, parce qu'on y laisse un trou pour en augmenter le son, suivant l'opinion des Chinois. Ces Cloches ont été fondues sous le premier Empereur de la Dinastie précédente, qui régnoit il y a plus de 300 ans. Elles ont chacune leur nom particulier. La pendante *Tohoui*, la mangeante *Ché*, la dormante *Choui*, la volonté *Si*. Il n'y en avoit que trois à Nankin, mais la Géographie Chinoise en marque une quatriéme au-delà du Fleuve *Kiam*. Supposant que le pied cubique de cuivre pese six cent quarante-huit livres, la Cloche dont on a pris les mesures peseroit environ quatre-vingt-dix milliers, si sa grosseur & son épaisseur étoient partout égales. Pour la grosseur il n'y a pas beaucoup de différence, mais l'épaisseur diminue uniformément jusqu'à l'ance où elle a deux poulces & un peu plus pour la moyenne proportionnelle. Et supposant l'alliage un peu moins pesant que le Cuivre, la Cloche avec son ance pesera environ cinquante milliers, c'est-à-dire qu'elle sera deux fois plus pesante que celle d'Erfort, que le Pere Kirker dit étre la plus grande Cloche du monde. Mais il y en a à Pékin sept autres fondues sous le régne d'Youlo il y a près de trois cens ans, dont chacune pese six vingt mille livres. Leur ouverture a douze pieds de diametre, elles en ont quarante de circuit & douze de hauteur, sans compter l'ance qui est au moins de trois pieds. Mais autant les Cloches de la Chine surpassent les Cloches de l'Europe en grandeur, autant elles leur sont inférieures par la beauté du son, soit que notre Métal soit plus pur, & l'alliage mieux observé, soit que la figure & la fonte des nôtres en soient meilleures. Leur son est extrêmement obscur, parce qu'on ne les frappe pas avec un battant de fer ou de quelque métal, mais avec un marteau de bois. Les Chinois ont dans toutes leurs Villes de fort grandes Cloches destinées à marquer les veilles de la nuit. Jean Struys dit dans ses voyages, que les Cloches de Moscou pesent trois cens quatre-vingt-quatorze mille livres.

Il se fait un frémissement de chaque partie de la Cloche lorsqu'elle sonne. Et le Pere François-Maria Grimaldi soutient dans sa Physique, que le moindre coup qu'on frappe sur une Cloche fait approcher & éloigner successivement toutes ses parties les unes des autres, & que c'est ce frémissement qui cause le son.

On a observé que les Cloches s'entendent plus loin dans les Plaines que sur les Montagnes, & que celles des Vallées se font encore entendre plus loin que celles des Plaines.

On appelle Cloche banale la Cloche du Beffroi, ou la Cloche commune. Le Beffroi est une Tour, un Clocher, un lieu élevé où il y a une Cloche dans une Place frontiere, où on fait le guet, & d'où on sonne l'allarme quand les Ennemis paroissent. *Specula.* Ducange dérive ce mot du Saxon ou Allemand *Bell*, qui signifie Cloche, & *Freid*, qui signifie paix. On l'appelle diversement dans la basse Latinité. *Belfredus*, *Berfredus*, *Berefridus*, *Verfredus*, *Bilfredus*, *Balfredus*, *Belfreit*, *Belfragium*, Beaufroi & Belfroi. Nicot dérive ce mot de Bée & de Effroi, parce qu'il est fait pour béer & regarder, & ensuite donner l'effroi. Pasquier croit que c'est un mot corrompu, qu'il est dit simplement pour effroi, & que sonner le beffroi n'est autre chose que sonner l'effroi.

Beffroi dans les Coutumes d'Amiens &

d'Artois, est une Tour où l'on met la Ban-Cloque ; *Campana bannalis*, c'est-à-dire la Cloche à ban, ou la Cloche destinée à convoquer les Habitans d'une Ville. La Charte de l'affranchissement de Saint Vallery accordée en 1376, par Jean Comte d'Artois, porte ceci : *Item, Nous avons ordonné & accordé Echevinage, Ban-Cloque, grande & petite Pilori, Scel & Banlieue aux Maires, Echevins & Commun. de S. Vallery.* Ainsi le droit de Beffroi étoit un privilége, & Charles le Bel en 1322 l'ôta à la Ville de Laon avec plusieurs autres, pour la punir d'un sacrilége que les Habitans commirent dans l'Eglise.

Beffroi se dit aussi de certaines Cloches qui sont dans les lieux publics qu'on ne sonne qu'en certaines occasions, comme de réjouissances, d'allarmes & d'incendies, *maximum cymbalum.* Il y a trois Beffroi à Paris, celui de l'Hôtel de Ville, du Palais, & de la Samaritaine. Quand il naît un Fils de France, on ordonne de tinter le Beffroi pendant vingt-quatre heures.

Les Bollandistes & Menage dérivent le mot de Cloche de *Cloca*, ou *Clocca*, *Cloccum*; qui se trouve en ce sens en la vie de Saint Arschaire, dans celle de saint Rambert & de saint Liobe, dans les Capitulaires de Charlemagne, & dans d'autres Auteurs du même siécle. Or, *Clocca* ou

Cloca vient de l'Allemand, &c. *Cloche* ou plutôt *Glouke* signifiant la même chose. Et ce qui prouve cette origine allemande, c'est qu'on trouve aussi *Glocca* & *Glogga*, dans la basse Latinité. Fauchet croit que c'est un vieux mot françois, parce que l'aller & le revenir d'une Cloche représente l'allure d'un boiteux, ce que l'on appelle clocher. Il y a plus d'apparence qu'il vient de *cloch*, qui est un mot du langage aremorique ou Bas-Breton, qui signifie Cloche. D'autres le dérivent de *Clangor*, parce que c'étoit au son des Cloches qu'on signifioit le jeûne ou la pénitence. D'autres du Grec καλεῖν qui signifie *vocare*, d'où les Latins ont fait *calata comitia*; d'autres du grec κλεωζεῖν, qui signifie sonner avec la bouche; quelques-uns le dérivent de *Cochlea*, à cause de sa figure. Ducange enfin le dérive du Saxon *Clugga*; & quelques-uns dérivent tous ces mots du latin *Glocire*, glousser, faire le cri des poules. Jerôme Magius dans les fers chez les Turcs, écrivit deux Traités, l'un des Cloches, l'autre du Chevalet, sans autre secours que celui de sa mémoire.

CHAPITRE II.

Usage des Cloches dans l'Eglise. Son fondement, & son commencement.

LEs Cloches servent à l'Eglise de signal public pour appeller les Peuples à la priere & aux instructions, & principalement pour assembler nuit & jour le Clergé & les Commmunautés Religieuses aux heures de l'Office divin, & inspirer aux uns & aux autres le recueillement & les sentimens convenables pour s'en acquitter, ou pour y assister dignement & avec fruit.

La plûpart des Auteurs Ecclésiastiques rapportent l'idée & le motif d'une invention aussi heureuse & aussi intéressante pour l'Eglise, & le fondement & la conformité du saint usage qu'elle en fait, au dixiéme Chapitre des Nombres, où Dieu commande à Moyse de faire faire des Trompettes d'argent destinées pour assembler & faire marcher tout le Peuple d'Israël, selon les desseins impénétrables de sa souveraine sagesse, & dans l'ordre suivant.

» Faites-vous (dit Dieu à Moyse,) deux » Trompettes d'argent battues au mar» teau, afin que vous puissiez vous en ser-

» vir pour assembler tout le Peuple lorsqu'il faudra décamper. Et quand vous » aurez sonné de ces Trompettes, tout le » Peuple s'assemblera près de vous à l'en- » trée du Tabernacle de l'Alliance. Si » vous ne sonnez qu'une fois, les Princes » & les Chefs du Peuple d'Israël vous » viendront trouver. Mais si vous sonnez » plus longtems de la Trompette & d'un » son plus serré & entrecoupé, ceux qui » sont du côté de l'Orient décamperont » les premiers. Au second son de la Trom- » pette & au bruit semblable au premier, » ceux qui sont vers le Midi détendront » leurs pavillons, & les autres feront de » même au bruit des Trompettes qui son- » neront le décampement. Mais lorsqu'il » faudra seulement assembler le Peuple, les » Trompettes sonneront d'un son plus » uni, & non de ce son entrecoupé & » serré. Les Prêtres enfans d'Aaron son- » neront des Trompettes, & cette or- » donnance sera toujours gardée dans toute » votre postérité. Si vous sortez de votre » pays pour aller à la guerre contre vos » ennemis qui vous combattent, vous fe- » rez un bruit éclatant avec vos Trom- » pettes, & le Seigneur votre Dieu se » souviendra de vous pour vous délivrer » des mains de vos ennemis. Lorsque vous » ferez un festin, que vous célébrerez les

» jours de Fêtes & les premiers jours des » mois, vous sonnerez des Trompettes en » offrant vos Holocaustes & vos Hosties » pacifiques, afin que votre Dieu se res- » souvienne de vous. Je suis le Seigneur » votre Dieu.

Il y a d'autant plus de raison de rapporter l'usage de nos Cloches à ce trait curieux & remarquable de l'Histoire sacrée, c'est-à-dire, aux Trompettes destinées pour assembler & faire marcher tout le Peuple d'Israël, que Josephe décrivant la forme de ces Trompettes, dit qu'elles se terminoient par le bout en forme de Clochette.

Mais comme on ne s'est pas toujours servi de Cloches pour assembler les Fidéles, il seroit d'autant plus difficile de fixer le tems précis auquel elles ont commencé à être en usage dans l'Eglise, que dans les premiers siécles de son établissement & jusqu'au pieux Empereur Constantin, les Chrétiens n'avoient pas de tems ni de lieu assurés pour faire leurs Assemblées, parce que les exercices de la Religion ne pouvoient se faire en public, & que quand même il y eût eu des Cloches dans ce temslà, on n'eût osé s'en servir, non plus que des autres marques du Christianisme.

Pline, qui fait mention des Assemblées des Chrétiens, ne parle point des Cloches, nì d'aucun autre signal public pour les y appeiler. Il dit au contraire, que les Chrétiens étoient une Nation de gens cachés & qui fuyoient la lumiere, *latebrosa & luci fugax Natio*, qui changoient souvent de lieu & d'assemblée.

Baronius prétend que du tems des persécutions, pendant lequel l'exercice de la Religion Chrétienne étoit interdit par les Empereurs, au lieu de Cloche ou autre instrument public, on se servoit d'un Officier nommé en Latin *Cursor*, c'est-à-dire, Courrier, lequel étoit chargé d'aller de maison en maison avertir secrétement les Fidéles de son quartier du tems & du lieu où l'Office divin seroit célébré, afin qu'ils s'y trouvassent.

L'on voit par la Lettre de saint Ignace à saint Policarpe & à Heron, que le même Courrier portoit les ordres & les Lettres des Evêques au Peuple.

La Lettre de saint Jerôme à Eustochie, prouve que les Dames Chrétiennes en usoient de même quand elles vouloient donner des Agapes, & faire avertir les Fidéles du lieu & du tems de l'Assemblée.

Agapes est un terme de l'Histoire Ecclésiastique, qui signifioit dans la primitive Eglise grecque les festins que faisoient ensemble les premiers Chrétiens dans les Eglises pour entretenir l'union & la concorde entr'eux. Chacun y mangeoit modestement, & le repas finissoit par la priere. Saint Jerôme nomme *Præcones*, c'est-à-dire Crieurs publics, les gens qui avoient soin d'avertir les Fidéles de se trouver à ces Assemblées. Il est cependant plus vraisemblable que pour l'ordinaire & hors les cas imprévûs, l'Evêque ou le Diacre par son ordre, indiquoit dans une Assemblée le tems & le jour de la suivante ; & que dans les endroits où ces Assemblées étoient réglées, la dévotion servoit d'avertissement à la plûpart pour s'y trouver.

Depuis que l'Eglise fut en paix, on se servit de différens instrumens pour appeller les Fidéles à l'Office, comme de Trompettes, de Marteaux, de planches de bois. L'usage de frapper sur un ais ou piéce de sciage de bois longue & peu épaisse, appellé en Latin *axis*, *assis*, se voit dans les Actes de saint Anastase Martyr, rapportés dans le II. Concile de Nicée comme on apportoit ses Reliques : *Lignaque sacra pulsantes obviam facti sunt.* Il est encore d'usage chez les Grecs de frapper avec un marteau sur une planche de bois suspendue, pour être le signal de l'Office. Dans la vie de saint Chrisostôme rapportée par Metaphraste, on y voit la même chose : *Pulsato ligno vocatos homines ad quamdam congregationem.* Dans la vie de saint Theodore Archimandrite : *Lignum quod convocat ad Ecclesiam pulsantes.* Jean Moschus l'appelle *Canonis lignum*, le bois de l'Office canonial.

Entre tous les monumens de ces anciens usages, on doute qu'il y en ait nulle part un plus remarquable que dans l'Ordre des Capucins ; car il y a dans chaque Maison auprès du Réfectoire une plaque de fer suspendue pour servir à assembler la Communauté, tant pour les repas, que pour toutes les autres occasions où ils ont coutume de s'en servir. Cette piéce ou plaque qu'ils appellent Thuile, est longue d'environ 15 ou 16 pouces, & large d'environ 7 ou 8, & ressemble en effet assez à une Thuile un peu convexe vers le milieu, & sur laquelle on frappe avec le bout ou petite masse d'une piéce ou verge de fer toute semblable aux anciens marteaux de portes que tout le monde connoît. Le son de cette Thuile s'entend d'un bout à l'autre, & du haut en bas de la Maison. Ainsi il ne faut plus être surpris si ces pieux instrumens ont si longtems & si utilement tenu lieu de Cloches en une infinité de pays connus ou inconnus, & surtout parmi les Solitaires.

Dans la Régle de saint Pacôme, on assembloit les Moines au son d'une Trompette ou d'un Cornet : *Quando ad collectam tuba insonuerit*, C'étoit un Cors ou Trompette de corne. Dans saint Jean Climaque, *cum insonuerit signum spiritualis tuba.* Dans l'Histoire Lausiaque de Pallade, un Frere frappoit avec un marteau aux portes des Cellules des Moines, pour les éveiller & les avertir d'aller à Matines. Autrefois les Abbés alloient eux-mêmes éveiller leurs Religieux, qui étoient couchés à terre sur des nattes, & ils ne faisoient que leur donner du pied en passant, comme nous l'apprenons de saint Chrisostôme.

Enfin il y a toute apparence que par succession de tems, & à force de s'étudier à perfectionner les instrumens dont on se servoit alors pour appeller les Fidéles au Sacrifice & aux autres Offices divins, on parvint à l'invention de la *Crécerelle ou Crécelle*, *Crepitaculum.* C'est un petit instrument de bois qui fait beaucoup de bruit en tournant une manivelle, & avec quoi jouent les enfans. Son nom lui est venu d'un oiseau de proie, ainsi appellé à cause que sa voix ressemble au bruit de cet instrument. Pasquier croit que c'est le son qu'il fait qui est cause qu'on l'appelle ainsi. Ménage prétend qu'il vient de *Crecarella*, qui est le nom d'un Oiseau dont la voix est fort aigue, & dont cet instrument imite le bruit. Magius dans son Livre des Cloches, dit que les Chrétiens Grecs se servent

vent d'un certain instrument qu'ils appellent Symandre. Ce n'est qu'un ais fort sur lequel on frappe avec deux petits maillets de bois, qui font le même effet que la Crécerelle, & qui en tient lieu quelquefois.

La Crécerelle & autres semblables machines de bois assez industrieusement imaginées & construites, se sont non seulement perpétuées jusqu'à présent, mais sont devenues très-nécessaires & très-utiles pendant les trois derniers jours de la Semaine-Sainte, principalement dans toutes les Communautés Ecclésiastiques & Religieuses, où elles servent de signal, tant pour l'Office, que pour tous les autres exercices de régularité.

Depuis vint l'usage des Cloches qu'on nomme en Latin *Nolæ* & *Campanæ*, parce que l'on croit que les premieres ont été inventées & fabriquées à Nole, Ville située au Royaume de Naples dans la Province nommée en Latin *Campania*, Campanie, campagne de Rome, terre de labour, & dont saint Paulin a été Evêque. On peut néanmoins douter si les Cloches n'ont point été appellées *Campanæ* & *Nolæ*, non parce qu'elles ont été inventées & fabriquées à Nole ou dans la Campanie, mais parce qu'on a trouvé dans la campagne d'Italie la maniere de les suspendre & de les balancer comme l'on fait, ou bien parce qu'on les a ſuſpendues & balancées ainſi ſur le modéle d'une balance inventée ou uſitée dans la campagne d'Italie : car on trouve dans Nicetas Choniates un contre-poids ou balance appellée en Latin *Campana Statera*, & en grec καμπανίζειν pour *ponderare*, peſer.

Quelques-uns font diſtinction & appellent les grandes Cloches *Campana*, & les petites ou Sonnettes *Nola*. Le mot de Sonnettes ſe dit proprement de petits grelots ou petites boulles creuſes d'argent ou de cuivre où l'on enferme quelque petit corps, qui étant agité fait l'office d'une petite Sonnette, *Crotalum*. Les Mulets ſont chargés de quantité de grelots, on en attache auſſi au poitrail des Chevaux & autres Bêtes de ſomme ; 1°. pour avertir ceux qui ſont dans le grand chemin de ſe retirer à l'écart. 2°. Parce que la plûpart de ces Animaux ont beſoin de cet innocent artifice pour les réveiller, récréer & encourager à marcher ou à travailler. 3°. Parce que cela aide à les retrouver plus aiſément en cas qu'ils viennent à s'écarter les uns des autres, ou à s'égarer dans des Forêts ou ailleurs tant le jour que la nuit. Enfin on en attache autour des Tambours de Baſque, aux jambes des Pantalons & Maſcarades pour danſer, aux Colliers des petits Chiens, pour empêcher qu'ils ne se perdent, & aux pieds des Oiseaux de proie, &c. L'on a dit aussi *Nola refectorii*, & l'on a donné le même nom à ces Cloches que l'on sonne pendant l'élévation de l'Hostie.

Polydore Virgile, Genebrard & plusieurs autres croyent que l'usage des Cloches dans l'Eglise de Rome a commencé sous le Pape Sabinien, Successeur immédiat de saint Gregoire, qui mourut l'an 604.

D'autres soutiennent que saint Paulin Evêque de Nole, qui vivoit au commencement du cinquiéme siécle, n'étant mort que l'an 431, a le premier introduit l'usage des Cloches dans l'Eglise, & que le Pape Sabinien a seulement ordonné qu'on s'en servît à l'avenir, ou, comme dit Martin Polonus, a le premier ordonné que les Heures canoniales seroient sonnées.

Saint Jerôme contemporain de saint Paulin, a parlé d'une Cloche. On voit même les Cloches en France dans Gregoire de Tours avant le Pape Sabinien, en ces termes, *interea signum movetur*; & ailleurs *signo ad Matutinas commoto*. Ce signal qu'on branloit pour venir aux heures de l'Office, ne peut convenir qu'à une Cloche que l'on branle pour la faire sonner. Dans un autre endroit il marque la corde qui pendoit, & qu'on tiroit pour faire du son: *Ad funem illum de quo signum commovetur.* Dans l'Histoire de France, liv. 2, chap. 23. *Signum ad matutinum commotum.* On voit aussi les Cloches dans la vie de saint Leu Archevêque de Sens en 623, rapportée par Surius. Jerome Magius dans le Livre qu'il a fait exprès *de Tintinnabulis*, en fait voir l'antiquité.

Quelques Auteurs croyent que nos Cloches, surtout les grosses, sont une invention nouvelle. Leur raison est que le nom en est moderne; & en effet, il ne paroît pas que l'on ait eu de grosses Cloches beaucoup avant le sixiéme siécle. En 610., Loup Evêque d'Orléans étant à Sens que l'Armée de Clotaire assiégoit, l'étonna si fort en faisant sonner les Cloches de l'Eglise de saint Etienne, que toute l'Armée prit la fuite. Preuve que ce n'étoit pas une chose encore fort commune.

Le vénérable Bede dans son Histoire d'Angleterre, fait assez connoître que les Cloches y étoient en usage de son tems, & qu'on s'en servoit pour appeller à la Priere & même pour les morts, suivant ce qu'il rapporte du décès de l'Abbesse Hilda, qui mourut environ l'an 630.

Les Religieux de l'Abbaye d'Aumale Ordre de Saint Benoît, Diocése de Rouen, au Pays de Caux, se vantent d'avoir les plus anciennes Cloches de toute la Normandie.

Enfin on attribue communément l'usage des Cloches dans les Eglises à Saint Paulin de Nole, d'où l'on prétend, comme on l'a déja dit, qu'elles ont été appellées *Campana*, du nom de la Province de Campanie, & *Nola*, du nom de la Ville; mais longtems avant ce tems-là, Quintilien fait mention des Cloches sous le même nom, & il est certain que l'usage des Clochettes & des Cloches est bien plus ancien chez les Juifs. Car Moyse avoit ordonné que le bas de la Tunique que portoit le Grand-Prêtre dans les Cérémonies seroit orné de soixante-douze pommes de grenade faites d'hyacinthe, de pourpre & d'écarlate, entremêlées d'autant de Sonnettes d'or, afin qu'on entendît le son de ses Sonnettes lorsqu'il entreroit dans le Sanctuaire. Ainsi le Grand-Prêtre par respect ne frappoit pas pour entrer dans le Sanctuaire, mais le son des Sonnettes qui étoient au bas de sa robe avertissoit le Peuple de sa présence.

Les Prêtres de Proserpine chez les Athéniens, sonnoient une Cloche pour appeller le Peuple au Sacrifice.

Les Perses, les Grecs & les Romains sous le Paganisme se servoient aussi de quelques instrumens d'airain qu'ils nommoient *Tintinnabula*, c'est-à-dire Sonnettes, Clochettes ou petites Cloches qu'on peut tenir & faire sonner à la main, & qui servent à appeller ou à avertir, comme celles que l'on sonne aujourd'hui à l'Eglise quand on éleve l'Hostie, ou quand on porte le Viatique aux Malades, celles qui sont aux portes au lieu de marteau, ou sur un Bureau ou dans un Cabinet pour appeller les Domestiques. *Crepitantia*, *Strepitantia æra*, airain bruyant, *Petosus*, *Æramentum*, *Crotalum*, *Campanula*, *Cymbalum*, *Signum*, *&c.*

Zonoras Liv. II. dit, que quand un Romain triomphoit, au Char de triomphe étoit suspendue une Clochette avec un fouet, pour faire souvenir le Triomphant qu'il pouvoit arriver qu'il fût fustigé & condamné à mort. Car ceux que l'on conduisoit au supplice portoient une Clochette pour avertir le Peuple qu'il eût à se retirer & ne le point toucher, de crainte d'être souillé, & cette coutume s'observe encore chez les Turcs.

Enfin de toute antiquité on pendoit des Sonnettes au col des Mulets & autres Animaux de charge pour les raisons rapportées ci-dessus. Les Mandians en avoient aussi pour exciter les Passans à leur donner l'aumône, & c'est encore l'usage des Mandians muets d'en porter pour se faire entendre ou remarquer.

Quoique l'on ne ſçache pas que perſonne ſe ſoit jamais mis en peine, & qu'il paroiſſe peu intéreſſant d'examiner pourquoi par un uſage auſſi concluant pour le ſujet que l'on traite, que conſtant & uniforme dans tous les tems & les lieux, ſaint Antoine, ce célébre Anachorete & Abbé de la Thébaïde en Egypte, que l'Egliſe révere comme le Patriarche des Cénobites, c'eſt-à-dire, des Religieux qui vivent tous enſemble ſous la même Régle, dans le même Monaſtere, & qui mourut l'an 546 âgé de 105 ans, eſt repréſenté avec une Sonnette à la main, ou auprès de lui dans ſon Oratoire; néanmoins on ne craint point de dire ici par forme de conjecture, que la réputation de ce grand Saint s'étant répandue en Affrique, en Italie, en France & preſque par tout l'Univers, & la puiſſance que Dieu lui avoit donnée ſur les Démons, & ſes dons de Prophétie & de Miracle, lui ayant bientôt attiré de tous côtés une telle foule de Diſciples, qu'en moins de dix ans il ſe vit chargé de la conduite d'un grand nombre de Monaſteres & de pluſieurs milliers de ſaints Solitaires dont le nombre augmentoit tous les jours; il y a toute apparence qu'il ne fut pas difficile de ſçavoir dès ſon vivant & longtems avant ſa mort, juſqu'au plus petit détail & aux moindres particularité de sa maniere de vivre. Ainsi tout porte à croire que l'accord unanime de tous les Peintres & de tous les Sculpteurs de l'antiquité la plus reculée sur un ornement ou attribut que l'on ne croit pas avoir jamais remarqué en aucun autre Saint que celui-ci, a sa source & son fondement dans une tradition certaine & invariable, que soit que l'usage des Cloches ou Sonnettes ait commencé de son tems, soit un peu avant lui dans quelques célébres Villes voisines de son désert, comme Alexandrie ; il est le premier qui s'en soit servi dans le gouvernement de sa religieuse République. La connoissance de l'utilité d'un semblable instrument lui avoit été d'autant plus facile à acquérir, que le Seigneur ne l'ayant pas seulement destiné à instruire des Solitaires, mais l'ayant encore choisi pour confondre les Payens & les Hérétiques, & pour encorager les Fidéles dans les plus grandes persécutions, son zéle pour la Religion & sa charité pour le Prochain l'arrachoient souvent de sa solitude, & le conduisoient à Alexandrie pour soutenir les Chrétiens dans leurs combats, & pour les exhorter à la persévérance, sans craindre ni les tourmens ni la mort.

Pour ne pas pousser plus loin cette petite digression, saint Paulin peut être le premier qui se soit servi des Cloches pour appeller

appeller le Peuple à l'Eglise, & cet usage a depuis passé dans la plûpart des Eglises d'Occident; mais il étoit rare chez les Grecs, qui de tout tems s'étoient servis d'un instrument de bois qu'ils appellent Symandre, dont on a parlé ci-dessus, & qui d'ailleurs n'ont connu les Cloches qu'au IX. siécle par un Vénitien qui leur en apprit la fabrique; & on voit qu'il y en avoit dans quelques-unes de leurs Eglises avant qu'ils fussent sous la domination des Turcs, qui leur en défendirent l'usage après la prise de Constantinople, de peur que leur son ne fût contraire au repos des ames qui sont, selon eux, errantes dans l'air.

L'usage des Cloches est cependant encore dans quelques endroits qui sont éloignés de tout commerce des Turcs, & il y en a de très-anciennes au mont Athos. Le Pere Jerôme Dandini suppose aussi dans son voyage du Montliban, qu'il y avoit de véritables Cloches dans les Eglises des Grecs avant qu'ils fussent sous la domination des Turcs, qui en ont fait, dit-il, des piéces d'artillerie. M. Simon dans ses remarques sur ce voyage, croit que les Turcs n'ont privé de l'usage des Cloches les Chrétiens de leur obéissance, que par des raisons de politique, parce que le son des Cloches peut servir de signal pour l'exécution des révoltes, & pour donner l'allarme partout en peu de tems. En 1548, la Ville de Bordeaux fut privée de ses Cloches pour cause de rébellion. Elles lui furent rendues peu de tems après par Henri II.

Les Cloches des Villes prises appartiennent au Grand-Maître de l'Artillerie, aussi bien que tout ce qui peut entrer dans la fonte, dès qu'on a tiré le Canon devant une place.

Mathieu Paris dit qu'autrefois pendant le deuil l'usage des Cloches étoit défendu, d'où vient qu'on ne les sonne point depuis le dernier coup de la Messe du Jeudi saint jusqu'au *Gloria in excelsis* du Samedi; mais aujourd'hui on en fait une des principales cérémonies des Enterremens.

Les Egyptiens n'ont que des Cloches de bois, à la réserve d'une seule qui a été apportée par les Francs dans le Monastere de saint Antoine. Ils en attribuent l'invention à Noé, qu'ils disent avoir fait la premiere par le commandement de Dieu.

Ceci pourroit faire soupçonner que la Sonnette de saint Antoine, dont on a parlé ci-dessus, étoit peut-être aussi de bois, & non de métal; mais on laisse à chacun de penser ou de croire ce qu'il lui plaira sur cette question, jusqu'à ce qu'il plaise aux Sçavans de la décider.

Il résulte de tout ce que l'on a dit jusqu'ici, que les Fidéles étoient appellés à l'Office par quelque signal, du mot Latin *Signum*; mais comme pendant les persécutions ce signal devoit être secret, l'on ne sçait point de quelle maniere ils étoient avertis. Ainsi, quoiqu'il en soit de la premiere & véritable origine des Cloches, de leur matiere, de leur forme & du commencement de l'introduction de leur usage dans l'Office divin; il est certain que l'on bénissoit dès le septiéme siécle les Cloches ou l'instrument, quel qu'il fût, dont on se servoit alors, comme de signe ou signal pour appeller le Peuple à l'Eglise, comme on peut en juger par le Pontifical Romain & par les anciens Rituels, dans lesquels cette cérémonie a toujours continué d'être intitulée, *de benedictione signi vel Campanæ.*

Quant aux Cloches, & surtout telles qu'elles sont depuis une longue suite de siécles, l'on ne sçauroit disconvenir que leur invention n'ait produit un bien inconcevable dans toutes les parties du monde chrétien où elles sont en usage, par la supériorité infinie de perfection, d'utilité, de commodité & d'agrément qu'elles ont au-dessus de tous les autres signes & instrumens dont on s'étoit servi jusqu'alors, & dont il est à présumer que l'on ne peut gueres se servir aujourd'hui, que dans quelques Pays barbares, pour avertir les Hommes des devoirs chrétiens, soit envers Dieu, soit envers le Prochain, ou envers eux-mêmes, en allant à l'Eglise prier ou remercier Dieu pour eux ou pour les autres, ou satisfaisant à ces devoirs en leur particulier. C'est dans cette vûe & par les diverses manieres de sonner les Cloches en différens tems & à différentes heures que l'on avertit les Fidéles voisins ou éloignés des Eglises, tant de l'heure & de la qualité des Offices divins, que de tous les autres exercices de piété ou de charité, pour leur donner la consolation de s'y unir au moins d'esprit & d'intention lorsqu'ils ne peuvent y assister en personne ; car on sonne les Cloches pour appeller le Peuple à la Messe, à la Prédication, à Vêpres, au Catéchisme, au Salut, & pour l'avertir de prier lorsqu'on sonne l'*Ave Maria* au matin, à midi & au soir, à l'élévation du saint Sacrement à la Messe de Paroisse, ou quand on le porte aux Malades ou aux Processions. On les sonne aussi pendant le Tonnerre & aux grands orages pour les appaiser ou les détourner, pour les femmes en dangereux travail d'enfant, pour les Agonisans & pour les Morts, afin d'exciter le Peuple à prier pour eux.

Voici deux vers techniques qui expliquent plus en abregé les usages d'une Cloche.

Laudo Deum verum, Plebem voco, congrego Clerum,
Defunctos ploro, Pestem fugo, Festa decoro.

C'étoit une ancienne coutume de sonner les Cloches pour un Moribond, afin d'avertir les Fidéles de prier pour lui. C'est de-là que le son que l'on sonne pour un mort & qui s'appelle ailleurs *un Clas*, s'appelle à Reims l'*abbé-mort*, par corruption pour *l'abbois de la mort*, à peu près comme la populace de la même Ville dit, *la portemas*, pour *la porte de Mars.*

La coutume de sonner les Cloches aux approches du Tonnerre n'est pas nouvelle, mais ce n'étoit pas seulement pour ébranler l'air qu'on les sonnoit, c'étoit pour assembler le Peuple qui alloit à l'Eglise prier Dieu, de préserver la Paroisse des effets de ce terrible météore.

La Ville de Laon a tant de dévotion & de confiance à saint Laurent, dont l'Abbaye de saint Martin, Ordre de Prémontré, prétend posséder un avant-bras, que les Habitans appréhendent tout, tant qu'ils n'entendent pas sonner en cette occasion l'une des quatre grosses Cloches de ce célébre Monastere, bénite sous le nom de cet illustre Martyr, & esperent tout de son intercession & protection, aussitôt qu'elle commence à sonner.

Durand dans son *Rationale divinorum officiorum, Lib.* 1. *Cap.* 5. distingue six espéces de Cloches. La premiere est celle qui sert dans les Communautés au Réfectoire, & s'appelle *Squilla*. La seconde qu'il nomme *Cymbalum*, sert au Cloître. La troisiéme *Nola*, dans le Chœur. La quatriéme *Nolula*, est celle de l'Horloge. La cinquiéme qui se met dans le Clocher, s'appelle *Campana*, & la sixiéme qui est celle des Tours, s'appelle *Signum*.

CHAPITRE III.

Usage de bénir les Cloches, & son commencement.

QUoique l'on ne se soit pas toujours servi des Cloches pour assembler les Fidéles, & que par conséquent l'usage de les bénir comme nous faisons avant que de les placer dans le Clocher, ne puisse être de la premiere antiquité; néanmoins l'on ne sçauroit être du sentiment de ceux, qui au lieu de le faire remonter au moins jusqu'au septiéme siécle, comme on vient de le dire, attribuent son introduction au Pape Jean XIII. en 972, puisqu'un Capitulaire de Charlemagne de l'an 789 défend de baptiser les Cloches. C'est ainsi que l'on appelloit alors la cérémonie de leur Bénédiction, comme Yves de Chartres rapporte, qu'on baptisoit autrefois les Eglises, au lieu de dire qu'on les bénissoit.

Alcuin Disciple de Bede & Précepteur de Charlemagne, qui vivoit en l'an 770, parle de la Cérémonie Ecclésiastique qui se fait sur les Cloches en les consacrant au Service divin, comme d'une chose qui étoit en usage longtems avant le VIIIe. siécle. Letaldus Moine du Xe. siécle, en parle aussi comme d'une coutume ancienne, mais qui n'étoit pas encore universelle. Cela doit donc s'entendre d'un Réglement que fit Jean XIII. & d'un ordre qu'il porta de baptiser ou de bénir les Cloches qui doivent servir à l'Eglise, parce que cet usage déja ancien avoit été interrompu ou négligé, &c.

Le Roi Robert faisant faire en 1029 la Dédicace de l'Eglise de saint Agnan d'Orléans, y donna entre autres présens magnifiques, cinq Cloches qu'il avoit fait baptiser, & dont la plus grosse qui pesoit deux mille six cens, fut nommée Robert comme lui; d'où l'on peut inférer que le Capitulaire de Charlemagne n'eut pas lieu, ou dura peu. Le Moine Helgaud qui rapporte ceci, remarque qu'on y employoit l'huile & le chrême ; ce qui montre que depuis que l'on a commencé à pratiquer cette Bénédiction, elle s'est toujours faite avec beaucoup de solemnité. On trouvera ci-après les édifiantes Cérémonies que l'Eglise a instituées à cet effet, & que le tems & les usages ont beaucoup éclaircies & perfectionnées, tant parce qu'elles paroissoient obscures en quelques endroits, que parce que l'on ne peut trop étendre toutes les Cérémonies de l'Eglise, ni trop mettre en pratique tout ce qu'elle a coutume de faire pour l'édification des Fidéles, & pour leur inspirer des sentimens de piété & de Religion. Mais comme avec tout cela on ne sçauroit encore en bien prendre l'esprit, sans entendre ce que c'est qu'Exorcismes & Bénédictions en général, on croit devoir avant toutes choses en donner ici l'explication.

CHAPITRE IV.

Des Exorcismes & des Bénédictions.

ON appelle *Exorcismes*, la Cérémonie dont l'Eglise se sert pour chasser les Démons des corps qu'ils possédent ou qu'ils obsédent, ou des autres Créatures dont ils abusent, ou peuvent abuser.

On exorcise les Créatures inanimées, parce que le Démon peut en abuser, & qu'il en abuse souvent pour nuire aux hommes. Par ces Exorcismes l'Eglise demande à Dieu qu'il ne permette pas que les Démons abusent de ces Créatures qui ont été faites pour sa gloire, & dont elle veut se servir pour des usages saints.

Les Créatures que l'Eglise exorcise ordinairement sont, 1°. les personnes affligées par quelque possession ou obsession du Démon. 2°. Les lieux infectés par les Démons. 3°. Toutes les Créatures dont l'Eglise se sert pour ses Cérémonies, comme l'eau, le sel, l'huile, &c.

Le mot de Bénédiction a plusieurs significations.

1°. Il se prend pour le bien qu'on fait à quelqu'un. C'est en ce sens que les graces & les faveurs de Dieu sont appellées une infinité de fois dans l'Ecriture, *Bénédictions*. C'est en ce sens aussi que l'aumône est appellée par saint Paul, Bénédiction.

2°. Il se prend pour le souhait qu'on fait à quelqu'un des graces de Dieu, soit qu'en les souhaitant on les procure, soit qu'on ne les procure pas. C'est en ce sens qu'il est dit dans l'Ecriture que Melchisedec bénit Abraham, qu'Isaac bénit Jacob, que Jacob bénit ses enfans, que les

Habitans de Béthulie comblerent Judith de bénédictions après la mort d'Holophernes. Il y a dans les Livres saints une infinité d'autres exemples du mot de bénir, & de bénédictions pris en ce sens. Il seroit trop long de les rapporter.

3°. Il se prend pour les Prieres & les Cérémonies par lesquelles l'Eglise applique des personnes à certains états ou emplois, ou demande pour elles solemnellement la grace de s'en acquitter dignement, en leur donnant avec cérémonie les habits & les autres marques extérieures de ces emplois. C'est en ce sens que l'Eglise bénit les Abbés, les Abbesses, les Vierges, les Chevaliers, &c. On peut aussi rapporter à cela la Cérémonie du Sacre & du Couronnement des Rois & des Reines.

4°. Il se prend pour les Prieres & les Cérémonies par lesquelles l'Eglise tire les Créatures de l'usage prophane, pour les faire servir à des usages de Religion. C'est en ce sens que l'Eglise bénit l'eau, le sel, l'huile, les Cloches, les Chapelles, les Cimetieres, les Ornemens, les Linges de l'Autel, & généralement tout ce dont elle se sert pour des usages de Religion. Ces Prieres & ces Cérémonies sont quelquefois appellées Consécration. On dit la Consécration d'une Eglise, d'un Autel, d'un Calice, &c.

Par ces Prieres & par ces Cérémonies l'Eglise demande quelquefois à Dieu qu'il répande la vertu du Saint-Esprit sur certaines Créatures inanimées, pour produire par elles des effets surnaturels, c'est ce qu'elle fait quand elle bénit l'eau du Baptême, les saintes Huiles, & le saint Chrême, qui servent de matiere aux Sacremens. C'est ce qu'elle fait aussi en bénissant tous les Dimanches l'eau & le sel pour faire de l'Eau-bénite. C'est ce que fait le Pape, quand il bénit des Médailles de cire qu'on nomme *Agnus Dei*, (parce que Jesus-Christ y est représenté sous la forme d'un Agneau.) C'est ce que l'on fait enfin quand on bénit des Chapelles, des Médailles, des Linges, des Habits, pour satisfaire à la dévotion des Peuples. Par ces Bénédictions l'Eglise demande à Dieu que ceux qui useront de ces choses avec foi, reçoivent l'effet des Prieres qu'elle fait en bénissant les Créatures.

Ce seroit néanmoins une superstition que de croire que des Créatures puissent produire des effets surnaturels par elles-mêmes indépendamment de la vertu de Dieu & de sa Toute-puissance. L'Eglise ne croit point que ces Créatures opérent rien par leur propre vertu, mais seulement par la vertu & la toute-puissance de Dieu. Elle est assurée de cette vertu, par rapport aux choses dont elle se sert pour l'administration des Sacremens. Mais pour les autres, elle ne leur attribue de vertu, qu'autant qu'il plaira à Dieu de leur en donner, pour récompenser la foi de ceux qui en useront avec le respect qu'on doit avoir pour les choses bénies & consacrées par les Prieres de l'Eglise.

Il y a encore quelqu'autre signification du mot de Bénédiction, car l'Eglise bénit tout ce qui sert à l'usage des hommes, tout ce qui se mange, ou qui se boit, les Maisons, les Vaisseaux, l'Eau des Rivieres, de la Mer, les Champs, les Vignes, le Lit nuptial, les Langes des enfans, les Drapeaux, les Etendarts, les Armes, les Bâtons des Pélerins, les Habits, &c. Les hommes doivent user de toutes ces choses pour la gloire de Dieu; & la Bénédiction de l'Eglise n'est que pour obtenir de Dieu par ses Prieres, qu'il daigne rendre inutiles les efforts que les Démons font pour engager les hommes à abuser de toutes ces choses, & qu'il accorde aux Chrétiens la grace de ne s'en servir que pour sa gloire & pour leur salut.

Nous voyons l'usage des Prieres qu'on nomme Bénédictions, établi du tems de saint Paul. Voici les paroles de cet Apôtre : *Tout ce que Dieu a créé est bon. Il ne faut rien rejetter de ce que nous recevons de se mains avec action de graces, parce qu'il est sanctifié par la parole de Dieu & par la priere.*

Saint Paul parle-là des viandes. Il veut dire qu'il n'en faut rejetter aucune comme mauvaise par sa nature ; que tout ce que Dieu a créé est bon, & que si le péché a été cause que le Démon & les hommes abusent des Créatures, la parole de Dieu & la priere que l'on fait au Seigneur de répandre sa Bénédiction sur ces Créatures, les sanctifie & les met dans l'ordre pour lequel elles ont été créées.

C'étoit donc un usage reçu du tems de saint Paul, que de faire à Dieu des Prieres sur les Créatures inanimées dont les hommes se servent pour les usages ordinaires. Nous appellons ces Prieres Bénédictions, & nous voyons qu'elles sont & ont toujours été en usage dans toutes les Eglises du Monde, comme il paroît par les Eucologes & les Rituels les plus anciens de l'Eglise Grecque, aussi bien que de la Latine.

On ne peut pas dire pour cela que toutes les Bénédictions de l'Eglise en particulier soient d'institution apostolique. Mais il est certain en général, que les Apôtres ont béni les Créatures dont on se sert dans les nécessités de la vie présente, & les personnes qui s'en servent, & qu'ils ont même institué quelques Bénédictions spéciales, comme celles de l'Eau du Baptême, du Chrême de la Confirmation, de l'Huile de l'Extrême-Onction. Il en y a d'autres qu'ils n'ont pas instituées, comme celles des Cloches, puisqu'il n'a été parlé de Cloches que plusieurs siécles après eux; ni de celle des Abbés & des Abbesses, des Habits religieux & de plusieurs autres qui sont néanmoins fondées sur l'exemple & sur l'autorité des Apôtres, qui ont appris à l'Eglise qu'elle peut & qu'elle doit bénir & consacrer les choses communes, pour les approprier à Dieu, & les appliquer à son service.

CHAPITRE V.

Des Bénédictions réservées aux Evêques ; & de celles qui ne le sont pas.

APrès une aussi ample & édifiante explication des Bénédictions en général, il est bon de remarquer encore, 1°. qu'il y en a qui sont réservées aux seuls Evêques par un usage qui vient de tradition apostolique, confirmé par plusieurs Canons de l'Eglise. Telle est la Bénédiction des Saintes Huiles, la Consécration des Eglises & des Autels, &c. 2°. Qu'il y en a d'autres que l'Eglise a réservées aux Evêques ou aux Prêtres commis par eux ; telle est la Bénédiction des Linges & des Ornemens sacerdotaux, des Chapelles, des Cimetieres, des Croix, des Images publiques, des Cloches, des Etendarts, &c. 3°. Qu'il y en a enfin pour lesquelles la permission de l'Evêque n'est pas nécessaire ; telle est la Bénédicton de l'Eau, du Sel, des Maisons, des Vaisseaux, des œufs, de tout ce qui se peut manger, des Cendres, des Cierges, des Rameaux, &c.

Le but de l'Eglise en réservant certaines Bénédictions aux Evêques, & d'autres, ou à eux, ou aux Prêtres commis par eux, a été de conserver l'honneur dû au caractere Episcopal, ou de maintenir le bon ordre, & d'empêcher plusieurs abus qui pourroient se glisser.

On dit en premier lieu, que c'est par honneur pour le caractere Episcopal, que l'Eglise à l'exemple des Apôtres a réservé aux seuls Evêques certaines bénédictions. Telles sont les Bénédictions les plus solemnelles, celles des Abbés & des Abbesses, la Consécration des Vierges, le Sacre des Rois & des Reines, la Bénédiction des Chevaliers, de ceux qui se croisent pour aller combattre les Infidéles, des Armes & des Etendarts.

On dit en second lieu, que l'Eglise réserve aux Evêques ou aux Prêtres commis par eux, plusieurs Bénédictions, pour maintenir le bon ordre & pour empêcher des abus. Il est aisé de rendre cette vérité sensible. Il est du bon ordre que l'on ne souffre pas que l'on expose aux yeux des Fidéles des Ornemens qui ne soient de la qualité qui convient ; que les Images, les Croix, les Linges de l'Eglise ne servent que quand il n'y a rien dans toutes ces choses que de décent & de conforme aux Régles ; que les Chapelles & les Cimetieres ne soient bénis que quand ils sont dans l'état où ils doivent être ; que l'on ne bénisse aucune Cloche où l'on auroit gravé quelque chose d'indécent en la fondant, & qui ne soit de la grosseur & de la qualité convenable à la situation des lieux. Les Evêques sont les Juges de tout cela. Afin donc qu'il n'arrive aucune surprise, & qu'on ne bénisse & n'expose publiquement rien qui ne soit dans l'ordre ; l'Eglise réserve la Bénédiction de toutes ces choses aux Evêques, qui en jugent eux-mêmes auparavant, ou qui commettent ces Bénédictions à des Prêtres zélés, instruits & capables de décider au nom de l'Evêque, sur le bon ou le mauvais état de ces choses.

Cela posé, comme il ne doit plus y avoir aucune difficulté à bien entendre les Cérémonies de la Bénédiction des Cloches,

&

& à entrer dans les religieux sentimens qu'elles doivent inspirer aux ames vertueuses ; on va les donner d'abord telles qu'elles se pratiquent communément aujourd'hui selon le Rituel Romain, éclairci & perfectionné en cette partie par les tems & les usages en quelques endroits un peu obscurs, comme on l'a déja annoncé, & avec autant de nouveaux commentaires & paraphrases qu'on en puisse désirer, pour rendre ces Cérémonies plus intelligibles, plus régulieres & plus intéressantes pour la piété, qu'elles ne l'ont été jusqu'à présent.

Le Rituel Romain, au moins en ce qui concerne la Bénédiction des Cloches, est universellement suivi en France comme ailleurs. Parce que si on en excepte quelques Eglises, les Rituels de toutes les autres ne différent de celui-ci, que par les noms des Diocèses & par ceux des Prélats, par l'autorité desquels ils ont été imprimés, sans aucun changement au fond des Prieres & Cérémonies de l'Eglise universelle, dont le Rituel Romain est la source, la base & le modèle ; en sorte que la plûpart des Rituels même particuliers, qui en sont aujourd'hui les plus différens, paroissent être plutôt un déguisement enfanté par l'amour de la nouveauté & de la singularité, qu'une production essentiellement meilleure ni plus généralement belle & édifiante que ce qui se trouve dans celui-ci. L'on est même assuré que tous les Connoisseurs sages & désintéressés lui donneront toujours la préférence sur tous ces Ouvrages de vanité ou de fantaisie. Tant il semble que le Ciel ait de tout tems attaché de mérite & d'onction à tout ce qui émane du premier Siége de l'Eglise en matiére de Priéres & de Cérémonies. On renvoye à la fin de ce Recueil les mêmes Cérémonies selon le Rituel de Paris, précédées de celles qui y sont aussi marquées pour la bénédiction du métal ou fonte destinés à faire une Cloche.

CHAPITRE VI.

Cérémonies de la Bénédiction d'une Cloche, selon le Rituel Romain.

COmme on ne sçauroit faire la Cérémonie de la Bénédiction d'une Cloche, ainsi que toutes les autres Cérémonies de la Religion avec trop de décence, & que pour cela il faut y trouver une certaine commodité, & être dans une attitude ou posture qui ne soit ni gênante ni embarassante.

Premierement, il faut que la Cloche que l'on veut bénir, soit suspendue à une telle hauteur que l'Officiant & ses Assistans puisſent commodément tourner autour & la toucher par dehors & par dedans ſans ſe baiſſer & ſans aucune gêne ni embarras. Et pour cela il faut que le ſuſpenſoir de la Cloche ait au moins ſix pieds de hauteur, & qu'entre le bas ou bord de la Cloche & les pieds du ſuſpenſoir, il y ait de côté & d'autre un eſpace d'environ trois pieds, & même plus, s'il y a lieu, cela ne pouvant être qu'avantageux. Et quand il y a pluſieurs Cloches à bénir, il faut outre cela avoir ſoin de laiſſer auſſi entre chacune un eſpace au moins de trois pieds, à meſurer du bas ou bord d'une cloche à l'autre, afin que toutes les Cérémonies ſe puiſſent faire pour pluſieurs Cloches, auſſi commodément que pour une ſeule.

Il eſt bon d'obſerver ici en paſſant, que lorſque la Cérémonie doit ſe faire dans des Chœurs de Communautés Religieuſes, dont la plûpart ſont plancheyés, cirés & frotés, & même aſſez ſouvent parquetés & ornés de piéces de marqueterie; il eſt de la prudence de poſer le ſuſpenſoir de la Cloche au milieu d'un tapis, ou de quelques draps blancs étendus les uns ſur les autres, pour recevoir l'eau de l'ablution, afin de ne rien gâter, ni endommager mal-à propos.

Secondement, on prépare auprès de la

Cloche une crédence sur laquelle sera le Bénitier rempli d'eau commune, l'aspersoir & un vase garni de sel, des serviettes blanches pour laver & essuyer la Cloche quand il en sera besoin, le vaisseau de l'huile des Infirmes, celui du saint Chrême, la navicule garnie d'encens, de mirrhe si on peut en avoir, & même d'autres parfums d'agréable odeur, & deux encensoirs avec du feu, l'un pour mettre au tems marqué sous la Cloche, où il doit rester jusqu'à la fin de la Cérémonie, l'autre pour servir au Diacre à l'Evangile qui se chante presque aussitôt.

On observera encore que lorsqu'il y a plusieurs Cloches à bénir, il faut préparer autant d'encensoirs, si on peut en avoir, & sans compter celui qui doit servir au Diacre, qui sans cela & au grand préjudice de la judicieuse & édifiante rubrique, seroit obligé d'en retirer un de dessous une Cloche aussitôt qu'il viendroit d'y être mis.

Troisiémement, on place dans un endroit convenable un Pupitre pour chanter l'Evangile, & des Siéges pour l'Officiant & ses Assistans.

Quatriémement, il doit y avoir un Diacre revêtu de l'Amit, de l'Aube, de la Ceinture, d'un Manipule, d'une Etole, & d'une Dalmatique blanche.

Cinquiémement, l'Officiant doit se revêtir pareillement de l'Amit, de l'Aube, de la Ceinture, d'une Etole & d'une Chape blanche, & en cet état, aller processionnellement au lieu où est la Cloche, & où étant assis & couvert, il récite avec le Clergé sept Pseaumes les plus propres qu'il soit possible de choisir, pour demander à Dieu sa miséricorde & sa protection ; comme il est aisé à un chacun de s'en convaincre par un petit Ouvrage plus relevé & plus précieux en effet qu'en apparence, intitulé *la Clef des Pseaumes, ou l'occasion précise à laquelle ils ont été composés, pour en faciliter l'intelligence*; lequel a été imprimé & se vend à Paris chez la veuve Lamesle, rue vieille Bouclerie, à la Minerve, & d'où est tiré le petit précis que l'on va trouver à la suite de chacun de ces sept Pseaumes, & de tous ceux qui seront cités & employés dans la suite de ce Recueil, pour justifier ce que l'on vient d'avancer sur la délicatesse de leur choix. Ces sept Pseaumes sont les suivans, sçavoir :

Le Pseaume 50. *Miserere mei Deus, secundum.* Ou Priere de David pour implorer la miséricorde de Dieu, lorsque le Prophete Nathan vint de la part de Dieu lui remettre son adultere & son homicide devant les yeux, &c.

Le Pseaume 53. *Deus in nomine tuo sal-*

vum me fac. Ou Priere de David pour représenter à Dieu son état & ses peines, lorsque sur l'avis des Habitans de Ziph qui l'avoient décélé, Saül vint, contre sa parole, le chercher avec trois mille hommes sur la colline d'Hacila, où il étoit caché avec ses gens, &c.

Le Ps. 56. *Miserere mei Deus, miserere mei, quoniam.* Ou Priere que David fit pendant la nuit dans la caverne d'Engaddi, où il étoit caché avec ses gens, sçachant que Saül n'étoit pas loin de cette caverne, &c.

Le Ps. 66. *Deus misereatur nostri, & benedicat.* Ou Priere de David au sujet de la sécheresse & de la famine qui désola la Terre d'Israël pendant trois ans, &c.

Le Ps. 69. *Deus in adjutorium meum intende.* Ou Priere de David aux approches des Archers que Saül avoit envoyés pour le prendre chez Samuel à Najoth, maison de campagne de ce Prophete, où il s'étoit réfugié.

Le Ps. 85. *Inclina Domine aurem tuam.* Ou Priere de David à Mahanaïm, lorsque la bataille commença à se donner entre son Armée & celle d'Absalon, &c.

Le Ps. 129. *De profundis clamavi.* Ou Priere de David pendant la peste qui ravagea Israël durant trois jours, &c.

A la fin de chaque Pseaume on dit: *Gloria Patri.*

Quoique le Rituel, ni le Pontifical Romains n'exigent pas que l'on chante ces Pseaumes, néanmoins on sçait que pour peu que les Officians ayent de zéle, d'amour & d'aptitude pour cela, & qu'ils soient secondés par le Clergé Séculier ou Régulier, ou même par quelques personnes Laïques, ils ne manquent presque jamais de le faire. C'est en faveur de ces pieux Ministres que l'on croit devoir avertir ici en général, que lorsque l'on se détermine à chanter ces Pseaumes, on doit les chanter sur le sixiéme ton, vulgairement appellé le ton royal. En effet, ce ton est regardé tout ensemble comme le plus noble & le plus touchant, & par conséquent comme le plus convenable dans toutes les occasions où il s'agit d'implorer la miséricorde de Dieu & sa protection. Aussi l'employe-t-on dans toutes les Prieres publiques qui se font en tems de guerre, de peste, de famine & autres semblables calamités, comme aussi en tems de Jubilé, & pour le chant des Pseaumes 19. *Exaudiat*, & 71. *Deus judicium tuum Regi da*, particulierement consacrés par l'usage pour demander à Dieu la conservation de la sacrée Personne du Roi & de toute sa famille, la prospérité de ses armes, la paix & le bonheur de ses Etats. On se sert aussi du même ton dans toutes les Prieres qui se sont en action de graces. On en a un exemple sensible & journalier dans le Pseaume 116, *Laudate Dominum omnes gentes*, qui par un usage aussi louable & judicieux que pieux, se chante presque partout à l'issue du Salut du Très-Saint Sacrement, c'est-à-dire, aussitôt après la Bénédiction, & autres semblables circonstances ; en sorte que le Peuple s'en retourne en chantant les louanges de Dieu, & avec des sentimens & un maintien bien plus recueillis qu'il n'auroit sans cela.

Si après deux ou trois Pseaumes on s'apperçoit que le chant ait trop baissé, on le releve au Pseaume suivant, & ainsi de tems en tems & autant qu'il en est besoin jusqu'à la fin. Au reste on peut entierement s'en dispenser en entonnant le Pseaume 50. aussi haut que les Chantres pourront le supporter sans s'incommoder ni forcer leurs voix, & en faisant en sorte qu'elles se souciennent toutes le plus également qu'il se pourra, afin de ne pas faire baisser le Chœur. Ceci est d'autant plus facile & pratiquable, que, rien n'est si commun dans toute l'Eglise que de voir chanter de suite & sous une seule Antienne les cinq Pseaumes de Vêpres, sans être obligé de se reprendre, c'est-à-dire de relever aucun Pseaume, & sans que le Chœur en soit plus fatigué.

Tel

Tel parti que l'on prenne, après que ces Pseaumes sont récités, ou chantés, l'Officiant bénit le sel & l'eau en la maniere accoutumée, ajoutant seulement avant les Oraisons, *Immensam clementiam tuam.* & *Deus qui ad salutem humani generis.*

℣. *Domine exaudi orationem meam.*

℟. *Et clamor meus ad te veniat.*

℣. *Dominus vobiscum.* ℟. *Et cum spiritu tuo.*

Et après l'Oraison *Deus qui ad salutem*, il ajoûte la suivante, disant seulement :

OREMUS.

Bene † dic, Domine, hanc aquam benedictione cœlesti, & assistat super eam virtus Spiritus sancti; ut cum hoc vasculum ad invitandos filios sanctæ Ecclesiæ præparatum, in ea fuerit tinctum, ubicumque sonuerit hoc tintinnabulum, procul recedat virtus insidiantium, umbra phantasmatum, incursio turbinum, percussio fulminum, læsio tonitruorum, calamitas tempestatum, omnisque spiritus procellarum, &c.

Après cette Oraison l'Officiant verse le sel dans l'eau en formant trois signes de Croix, & disant une seule fois.

Commixtio salis, & aquæ pariter fiat : in nomine Patris, † & Filii, † & Spiritus † Sancti. ℟. *Amen.*

℣. *Dominus vobiscum.* ℟. *Et cum spiritu tuo.*

OREMUS.

Deus invictæ virtutis auctor, & insuperabilis imperii rex, &c.

Il n'est pas hors de propos de rappeller ici au Lecteur, que l'on fait la Bénédiction de l'eau, afin que par la vertu des Prieres que l'Eglise fait en la bénissant, les Démons n'ayent aucun pouvoir sur ce que cette eau touchera, mais que le Saint Esprit y habite par sa grace : c'est ce que l'Eglise demande à Dieu dans les Prieres dont elle se sert. Ainsi quand l'Eglise fait jetter cette Eau-bénite sur les personnes ou sur les choses qu'elle veut bénir, c'est pour demander à Dieu que les Démons n'en approchent pas, & qu'au contraire elles soient purifiées par la vertu du Saint Esprit.

L'intention de l'Eglise dans l'aspersion de l'Eau-bénite sur le Peuple avant la Messe les Dimanches, est pareillement de le purifier & de demander à Dieu par cette aspersion que les Démons ne troublent aucuns des Fidéles, mais que le Saint-Esprit les assiste & les fortifie par sa grace pendant la Messe, qui est l'action la plus sainte, la plus religieuse & la plus éminente que nous puissions faire pour rendre à Dieu nos vœux & nos hommages, comme à notre souverain Seigneur, lui qui est le Dieu éternel vivant & véritable, pour le remercier de tous les biens que nous recevons de sa bonté infinie, pour lui demander la rémission de nos péchés, & généralement tous les secours qui nous sont nécessaires pour le salut de l'ame & pour la vie du corps.

Enfin, l'aspersion qui se fait de l'eau sur l'Autel avant que de la faire sur le Peuple, est pour demander à Dieu que les Démons n'approchent pas de cet Autel pour y troubler par leurs suggestions les Ministres du Seigneur. Mais que le Saint Esprit y soit présent, pour recevoir & bénir les offrandes des Fidéles.

Pour revenir à notre sujet. Après la bénédiction de l'eau nécessaire à la cérémonie dont il s'agit, & qui a occasionné cette petite digression sur l'Eau-bénite en général ; l'Officiant commence à en laver la Cloches, ce que quelques Ecclésiastiques ou quelques Religieux, si c'est dans un Monastere, continuent de faire, en sorte qu'ils la lavent toute entiere, c'est-à-dire du haut en bas, par dedans & par dehors avec des serviettes blanches imbibées d'eau-bénite, après quoi ils l'essuient avec d'autres serviettes blanches.

Cette Ablution est une espéce d'Exorcisme, par lequel l'Eglise demande à Dieu qu'il ne permette pas que les Démons abusent de cette Cloche faite pour sa gloire, & dont elle veut se servir pour des usages saints. C'est pour cela que quand l'Eglise veut bénir quelque Créature & la sanctifier pour l'usage de la Religion, elle commence à faire sur elle des Exorcismes avant que de la bénir, comme on l'a déja vû ci-dessus; car le pouvoir du Démon sur les Créatures, quoique lié, ne laisse pas d'être grand, Dieu le permettant ainsi.

Pendant que cette Ablution s'acheve par ceux & en la maniere que l'on vient de dire, l'Officiant étant assis & couvert récite alternativement avec quelques-uns des Officiers qui l'assistent les six Pseaumes suivans, sçavoir:

Le Ps. 145. *Lauda anima mea Dominum*: Ou Cantique de louanges de David, sur la défaite d'Absalon, & sur l'extinction de la révolte de Seba, &c.

Le Ps. 146. *Laudate Dominum quoniam bonus est psalmus*: Ou Cantique de louanges de David, pendant qu'il faisoit bâtir à Jérusalem & sur la Montagne de Sion.

Le Ps. 147. *Lauda Jerusalem Dominum*: Ou Cantique de louanges de David, lorsque les ouvrages qu'il faisoit faire à Jerusalem & sur la Montagne de Sion furent achevés, &c.

Le Ps. 148. *Laudate Dominum de cœlis*: Ou Cantique de David, pour inviter toutes les Créatures à louer Dieu, en vûe des différens motifs qu'il propose, &c.

Le Ps. 149. *Cantate Domino .... Laus ejus*: Ou Cantique de louanges & d'actions de graces de David, lorſqu'il eut pris la forteresſe de Sion appellée depuis la Ville de David, & où il établit ſa demeure, &c.

Le Pſ. 150. *Laudate Dominum in ſanctis ejus*, composé par David après qu'il eut établi nommément pluſieurs Lévites pour chanter devant l'Arche les louanges du Seigneur, ſur l'Orgue, ſur le Pſalterion & ſur les Cymbales, & quelques Prêtres pour ſonner de la Trompette. C'eſt ſur tout à eux que ce Pſeaume ſemble être adreſſé pour les exhorter à louer Dieu de vive voix & au ſon de leurs inſtrumens.

A la fin de chaque Pſeaume on dit : *Gloria Patri*.

Si on veut chanter ces Pſeaumes, on doit auſſi les chanter ſur le ſixiéme ton, comme les ſept précédens.

Après qu'ils ſont récités ou chantés, l'Officiant ayant pris avec le poulce de la main droite de l'Huile des Infirmes, en fait ſur le dehors de la Cloche un ſigne de Croix, après quoi il dit :

OREMUS.

Deus, qui per beatum Moyſem legiferum famulum tuum, tubas argenteas fieri præcepiſti, quibus dum Sacerdotes tempore ſacrificii clangerent, ſonitu dulcedinis populus monitus ad te orandum fieret præparatus, & ad celebrandum ſacrificia conveniret ; quarum clangore etiam hortatus ad bellum, molimina proſterne-

rei adversantium ; præsta, quæsumus, ut hoc vasculum sanctæ tuæ Ecclesiæ præparatum sancti✝ficetur à Spiritu sancto, ut, &c.

Après cette Oraison l'Officiant essuye avec une serviette blanche l'onction qu'il vient de faire, ensuite il commence l'Antienne, *Vox Domini super aquas multas, &c.* laquelle est du huitiéme ton, & est achevée par le Clergé & suivie du Pseaume 28. *Afferte Domino Filii Dei*, lequel se chante entier avec *Gloria Patri* à la fin.

Ce Pseaume est un Cantique de David, pour inviter les Israëlites à venir au Tabernacle reconnoître la suprême majesté de Dieu & son infinie bonté à l'égard de son Peuple, dans le tems d'une pluye abondante précédée & accompagnée d'un grand Tonnerre que Dieu envoya pour faire cesser la sécheresse & la famine.

Ce Pseaume est d'autant mieux placé dans cette Cérémonie, qu'il est très-propre à être récité ou médité pendant les grands orages, & fournit d'admirables réflexions sur la grandeur de Dieu.

Pendant qu'il se chante, l'Officiant fait avec le poulce de la main droite sur le dehors de la Cloche & en égale distance, sept onctions en forme de Croix avec l'huile des Infirmes, & quatre pareilles onctions par dedans avec le saint Chrême, en disant à chacune de ces onze onctions:

Sancti † ficetur, & conse † cretur, Domine, signum istud, in nomine Patris, & Filii, & Spiritus sancti. In honorem Sancti N. Pax tibi, c'est-à-dire,

Seigneur, que cette Cloche soit sanctifiée & consacrée au nom du Pere, & du Fils, & du saint Esprit, en l'honneur d'un tel Saint. Et l'on ajoûte tout de suite ces mots, *que la paix soit avec vous.*

La grandeur & l'étendue de ces signes de Croix n'étant point essentielles à la Cérémonie, sont assez à la volonté de l'Officiant. On les fait environ vers les Pinces, c'est-à-dire, vers le bord de la Cloche en dehors & en dedans. Leur étendue est d'environ trois ou quatre poulces, & même plus, si l'Officiant juge à propos de les étendre davantage, selon la grosseur & la circonférence de la Cloche.

L'Eglise fait sur cette Cloche comme sur la plûpart des choses qu'elle bénit & qu'elle consacre, des Onctions avec les saintes Huiles & le saint Chrême, pour demander à Dieu qu'il daigne envoyer la vertu du saint-Esprit sur cette Cloche, afin d'obtenir par la vertu de cet Esprit saint, les effets pour lesquels on la bénit & on la consacre.

En disant *in honorem Sancti N.* en l'honneur de saint N. on nomme celui sous l'invocation duquel on bénit, & on offre à

Dieu cette Cloche, afin qu'il la protége & qu'il aide l'Eglise à obtenir de Dieu ce qu'elle lui demande, puisqu'il ne lui donne rien sans l'intercession des Saints, & principalement les grandes graces & perfections qui sont signifiées par cette bénédiction.

Il en est de même d'une Sainte quand la Cloche est bénite sous son nom. Par exemple, *in honorem sanctæ Adelaidis*, en l'honneur de sainte Adelaïde. *In honorem sanctæ Elizabeth*, en l'honneur de sainte Elizabeth. Il est même rare que l'on ne joigne ensemble le nom du Parein & celui de la Mareine, surtout lorsqu'il n'y a qu'une Cloche à bénir. Car quand il y en a deux, on peut donner à l'une le nom du Parein; & à l'autre celui de la Mareine, tant par égard pour l'un & l'autre, que pour mieux distinguer chaque Cloche. Il est même de la prudence & d'une très-sage précaution d'attacher au-dessus de chaque Cloche un petit étiquet du nom, ou des noms que l'on veut leur faire porter, afin de ne pas tomber dans l'inconvénient que l'on n'a que trop vû arriver, de bénir sous un seul & même nom trois Cloches, à chacune desquelles on pouvoit & on s'étoit proposé d'en donner au moins un distingué; inconvénient provenant de n'avoir pris à cet égard aucunes mesures avant la Cérémonie, avec les Pareins & Marcines, ni avec les Officians.

On ajoûte, *que la paix soit avec vous*, c'est-à-dire ne servez plus qu'à des usages saints, soyez un instrument de paix dont les Démons n'abusent plus.

L'Antienne & le Pseaume étant finis & les Onctions étant faites, l'Officiant étant debout, dit;

OREMUS.

Omnipotens sempiterne Deus, qui ante arcam fœderis per clangorem Tubarum muros lapideos quibus adversantium cingebatur exercitus cadere fecisti; tu hoc tintinnabulum cœlesti bene†dictione perfunde: ut, &c.

Après cette Oraison l'Officiant met dans l'Encensoir des parfums avec de l'Encens, & de la Myrrhe, si on peut en avoir, & même d'autres parfums d'agréable odeur, & on met l'Encensoir sous la Cloche pour y demeurer & s'y consommer pendant tout le reste de la Cérémonie, afin qu'elle en reçoive toute la fumée & qu'elle soit toute pénétrée pour ainsi dire de ces agréables odeurs.

Supposé que l'on ne puisse absolument avoir qu'un Encensoir pour plusieurs Cloches, en ce cas on le transporte alternativement sous chacune. Mais il est plus régulier & plus conforme à l'esprit de la Cérémonie d'avoir autant d'Encensoirs que de

Cloches, ou au moins d'y suppléer par autant de Réchauds d'argent ou de cuivre propres & décens, en observant toujours qu'il y ait un Encensoir vacant pour servir au Diacre à l'Evangile.

En même tems que l'on met brûler ces parfums sous la Cloche, le Chœur chante l'Antienne *Deus in sancto via tua*, &c. laquelle est aussi du huitiéme ton, & est suivie de cette partie du Pseaume 76. *Viderunt te aquæ Deus, viderunt te aquæ & timuerunt: & turbatæ sunt abyssi*, que l'on continue, avec *Gloria Patri* à la fin.

David dans ce Pseaume releve les merveilles que Dieu a opérées de tout tems en faveur de son Peuple, il lui en témoigne sa reconnoissance, & publie en particulier les merveilles de la sortie d'Egypte.

Ce Pseaume étant fini, l'Officiant se leve & dit;

OREMUS.

Omnipotens Dominator Christe, &c. Après cette Oraison le Diacre revêtu d'Ornemens blancs, & après les préliminaires ordinaires usités à la Messe, chante solemnellement l'Evangile tiré du dixiéme Chapitre de S. Luc. *In illo tempore, intravit Jesus in quoddam Castellum, &c.* où il est dit que Marie écoutoit la parole de Dieu aux pieds de J. C. pour faire voir qu'un des principaux usages des Cloches est d'asſembler le Peuple pour entendre la parole de Dieu.

Lorſque la Cérémonie ſe fait dans la Nef ou dans les bas-côtés de l'Egliſe, ou dans le Cimetiere, ou autre endroit ſemblable, le Diacre ſe tourne du côté de la Croix de la Proceſſion pour dire, *Munda cor meum.*

Après l'Evangile on porte le Livre à baiſer à l'Officiant, & après qu'on l'a encenſé, il fait ſur la Cloche bénite un ſigne de Croix ſans rien dire, & s'en retourne proceſſionnellement comme il étoit venu.

Ainſi finit cette édifiante Cérémonie, vulgairement appellée Baptême au lieu de Bénédiction. On verra dans le Chapitre neuviéme ce qui a donné lieu à cette façon de parler populaire.

CHAPITRE VII.

Ce que repréſentent les Cloches.

ON peut faire une application allégorique des Cloches aux Paſteurs de l'Egliſe, dont elles ſont pour ainſi dire les images, comme on peut en juger par les Réflexions ſuivantes.

1°. Les Cloches ſont ſuſpendues en un lieu élevé : les Paſteurs doivent être pour ainſi dire ſuſpendus entre le Ciel & la

Terre par la disposition de leur cœur, *à Terra suspensi*, dit Saint Augustin. Et l'Ecriture Sainte les appelle des Sentinelles pour la Maison d'Israël, qui doivent être toujours sur les Montagnes, c'est-à-dire, détachés de la terre, & en esprit dans le Ciel.

2°. Les Cloches sont d'un Métal solide qui raisonne & qui se fait entendre de loin, & il est dit des Apôtres aux fonctions desquels les Pasteurs de l'Eglise succédent diversement, que *le son de leur voix s'est fait entendre par toute la Terre.*

3°. Elles avertissent les Fidéles de leur devoir : elles les assemblent à l'Eglise. Tout le monde sçait que c'est la fonction des Pasteurs.

4°. Elles détournent les Orages & les Tempêtes qui s'élévent en l'air : Les Pasteurs doivent avertir les Fidéles des Tempêtes spirituelles & des orages qui sont prêts à fondre sur eux ; & leurs Prieres, leurs Sacrifices, leurs exhortations ont la force de les détourner. Ils doivent être des murs d'airain, disent les Prophetes, pour s'opposer à l'indignation du Seigneur. Ils sont responsables devant Dieu des Tempêtes qui ravagent les Peuples, s'ils ne font ce qui dépend d'eux pour les détourner.

CHAPITRE VIII.

Mystéres renfermés dans la Bénédiction des Cloches.

COmme les Cloches représentent les charges & les fonctions des Pasteurs de l'Eglise, elle exprime aussi dans leur Consécration la maniere dont les Pasteurs ont été consacrés & élevés à la sainteté & à la perfection de leur Ministere. Cela posé, voici l'application allégorique que l'on peut aussi faire de toutes ces Cérémonies aux Pasteurs de l'Eglise.

1°. Après les Pseaumes, par lesquels on a demandé à Dieu sa miséricorde & sa protection, on lave toute la Cloche en dehors & en dedans. Ce qui donne lieu de se souvenir qu'avant d'être élevé à la dignité de Pasteur de l'Eglise, il faut être entierement lavé de ses péchés, & purifié par la vertu du Saint Esprit; ce qui est un effet de la miséricorde de Dieu.

2°. On fait sept Onctions avec l'Huile des Infirmes sur le dehors de la Cloche, ce qui peut figurer les sept dons du Saint Esprit figuré par l'Huile sainte.

3°. On fait ensuite quatre Octions en dedans de la Cloche avec le Saint Chrême. Cela peut nous faire entendre que les Pafteurs doivent être tous pénétrés, pour ainsi dire, de l'Esprit de Dieu; afin de pouvoir produire par la force de leur voix, les effets figurés par ceux que doit produire la Cloche. Ce nombre de quatre Onctions nous peut marquer l'étendue de la charité dont les Pasteurs doivent être pénétrés, & qui doit les rendre sensibles aux intérêts de l'Eglise par toute la Terre, parce qu'ils ne doivent pas seulement regarder leurs Eglises particulieres, mais embrasser toutes les autres, & les aimer & assister, comme les leurs propres, de tout leur cœur, & de toute l'étendue de leurs forces. Le son de leur voix doit se faire entendre aux quatre parties du monde, s'il est nécessaire. Ils doivent travailler en tout ce qui dépend d'eux à détourner les orages spirituels, de quelque côté qu'ils viennent.

4°. Après toutes les Onctions, on met au-dessous de la Cloche un Encensoir avec du feu & des Parfums dont la fumée s'éléve jusqu'à elle & la remplit. Cette Cérémonie nous remet dans l'esprit une grande vérité. C'est que les Pasteurs qui ont reçu l'Onction sainte, doivent porter dans leur cœur les besoins, les vœux & les prieres des Fidéles, pour les présenter à Dieu. Ils sont établis pour cela; ils sont les Anges du Dieu des Armées, dit le Prophete

Malachie, & une des fonctions des Anges est de présenter devant le Trône de Dieu les Prieres des Fidéles. Or, les Prieres des Fidéles sont figurées par les Parfums.

5°. Enfin après la Cérémonie, on chante l'Evangile, où il est dit que Marie écoutoit la parole de Dieu aux pieds de Jesus-Christ. Cette derniere circonstance peut nous faire entendre, 1°. qu'une des principales fonctions des Pasteurs est d'assembler le Peuple à l'Eglise pour y écouter la parole de Dieu. 2°. Qu'ils doivent eux-mêmes revenir toujours aux pieds du Sauveur, pour l'écouter & pour méditer sa parole, quand ils se sont acquittés des fonctions de leur Ministére.

CHAPITRE IX.

Erreur populaire sur le véritable nom de la Cérémonie qui se fait sur les Cloches.

LA Bénédiction des Cloches ne peut raisonnablement être appellée Baptême. Ce qui a donné lieu à cette façon de parler populaire, est le rapport qu'il y a entre les Cérémonies que l'on observe au Baptême, & celles qu'on observe en bénissant les Cloches. En effet, on lave la Cloche, on fait sur elle des Onctions avec l'Huile des Infirmes & avec le saint Chréme. On la bénit sous le nom d'un Saint ou d'une Sainte, & dans quelques Diocéses, ceux qui ont fait faire la Cloche, ou d'autres Fidéles députés à cet effet, nomment à l'Officiant le Saint ou la Sainte dont elle doit porter le nom, ce qui fait que le Peuple les appelle Pareins & Mareines. Mais ce ne sont pas les Cloches seules, les Autels, les Temples, les Calices & la plûpart des autres choses que l'Eglise bénit & consacre, sont lavés avec l'Eau-bénite, & ensuite oints avec les saintes Huiles & portent le nom d'un Saint. La Céremonie de leur Bénédiction ne s'appelle pas pour cela un Baptême. Le terme de Baptême, selon la signification grammaticale, peut à la vérité s'appliquer à tout ce qui est lavé, mais par l'usage de l'Eglise il est déterminé à signifier le Sacrement de la régénération. Car les Cloches d'elles-mêmes sont incapables d'aucune grace justifiante, comme celle qui se donne au Baptême, & si on observe à leur Bénédiction à peu près les mêmes Cérémonies qu'à ce Sacrement, ce n'est que pour les rendre propres à la fin pour laquelle elles sont employées par l'Eglise, comme toutes les autres choses dont on vient de parler, & qu'elle bénit & consacre aussi avant que de s'en servir aux fonctions sacrées.

Au reste, le terme impropre de Baptême

tême d'une Cloche, au lieu de celui de Bénédiction, est d'autant plus excusable dans la bouche du Peuple, que le sçavant Alcuin, dont on a déja parlé, s'en sert dans son Livre des divins Offices, & cite pour cela le Rituel Romain. Mais cet illustre Précepteur du saint Roi Charlemagne, étoit trop éclairé, pour entendre parlà autre chose qu'un Baptême de consécration, par lequel une chose est dédiée à Dieu; & non pas un Baptême de justification, comme celui qui se donne aux hommes.

CHAPITRE X.

Pourquoi on bénit les Cloches, vû que sans cela elles pourroient servir de la même façon & aux mêmes usages, & ce qu'opere de particulier cette Cérémonie.

LA Bénédiction des Cloches est fondée sur ce que toutes les choses qui sont vouées au culte de Dieu, doivent être consacrées par des Prieres & avec des Cérémonies qui répondent à la fin pour laquelle on les destine, comme cela se voit dans les Bénédictions de tous les Ornemens Ecclésiastiques, des Croix, des Images, des Oratoires, &c. Ainsi quand on bénit les Cloches, c'est pour les consacrer au service de Dieu, pour n'être plus employées aux usages prophanes, & pour en faire, par le moyen de cette Cérémonie, comme des Trompettes pour appeller le Peuple aux Offices divins, pour avertir les Fidéles de penser à Dieu, de le prier & de chanter ses louanges. C'est pourquoi l'Eglise invoque Dieu, afin qu'il leur donne la force, non de frapper seulement l'oreille, comme des signes prophanes, mais de toucher les cœurs par la vertu du Saint-Esprit, pour leur faire accomplir ce qu'elles signifient. *Præsta, quæsumus ut hoc vasculum sanctæ tuæ Ecclesiæ præparatum sancti†ficetur à Spiritu sancto, ut per illius tactum fideles invitentur ad præmium. Et cum melodia illius auribus insonuerit populorum, crescat in eis devotio fidei.*

Cette Bénédiction sert aussi lorsqu'on les sonne à chasser les Démons, à appaiser les Orages & les Tempêtes qui s'élevent en l'air, comme on vient de le répéter, & à détourner le Tonnerre & la grêle. *Procul pellantur omnes insidiæ inimici, fragor grandinum, procella turbinum, impetus tempestatum; temperentur infesta tonitrua, ventorum flabra fiant salubriter, ac moderate suspensa; prosternat aëreas potestates dextera tuæ virtutis; ut hoc audientes tintinnabulum contremiscant, & fugiant ante Crucis Filii tui in eo depictum vexillum, cui flectitur omne genu, cœlestium, terrestrium, & infernorum, &c.*

C'est ainsi que Dieu à qui toute Créature obéit, & qui sauve & délivre les siens comme il lui plaît, s'est souvent servi des choses inanimées & qui sembloient avoir moins de rapport & de proportion aux prodiges qu'il vouloit produire. Toutes les fois que le malin esprit jettoit Saül dans la fureur, David le chassoit aussitôt par le son de sa Harpe, & délivroit le Roi d'un tourment qui lui étoit insuportable.

Les Habitans de Jéricho qui se confioient dans la hauteur & dans la force de leurs murailles, les virent en un moment renversées par terre, au seul retentissement des sept Trompettes, dont Dieu ordonna aux Israëlites de se servir contre ce Peuple ennemi.

Enfin, la bénédiction des Cloches leur donne une force, une vertu & une efficace spéciale pour produire plusieurs effets considérables, comme il paroît par les Priéres que l'Eglise employe dans cette Cérémonie. *Tu hoc tintinnabulum Sancti Spiritus rore perfunde, ut ante sonitum illius semper fugiat bonorum inimicus; invitetur ad fidem Populus Christianus, hostilis terreatur exercitus; confortetur in Domino per illud Populus tuus convocatus, &c.*

On apprendra ici en passant, que par Arrêt du Parlement de Paris en 1603, l'on a jugé qu'un Fondeur de Cloches peut les revendiquer & les faire dépendre de l'Eglise, quoiqu'elles ayent été bénites & consacrées, quand il n'a pas été payé de la valeur.

CHAPITRE XI.

Quand a commencé l'usage d'imposer un nom aux Cloches en les bénissant, & pourquoi on choisit à cet effet des personnes que l'on appelle Parein & Mareine.

Quelques uns prétendent que le Pape Jean IV. de ce nom, fut le premier qui ordonna qu'on imposeroit un nom aux Cloches en les bénissant, & commença lui-même en imposant son nom à la grande Eglise de Saint Jean de Latran; ce qui a toujours été observé depuis, & ne doit pas paroître nouveau & sans exemple, puisque Jacob après la vision qu'il avoit eue de l'Echelle mystérieuse dont il est parlé dans le vingt-huitiéme Chapitre de la Genese, prit la pierre qui lui avoit servi pour reposer sa tête, & en fit une espéce d'Autel répandant de l'huile dessus comme pour le consacrer, & lui donna le nom de *Bethel*, c'est-à-dire Maison de Dieu.

Cette imposition de nom se fait premierement, pour mieux distinguer chaque Cloche par le nom du Saint qui lui a été donné par le Parein & la Mareine que l'on choisit d'ordinaire, & autant qu'il est possible parmi les personnes qui se trouvent tout ensemble les plus qualifiées & les plus vertueuses de chaque Pays. 2°. Pour marquer les différentes heures de l'Office divin. 3°. Parce que c'est une maxime très pieuse & très-louable d'appeller le Peuple à l'Eglise au nom de quelque Saint ou Sainte. Ainsi appelle-t'on la Cloche de Saint Louis, la Cloche de Sainte Adélaïde, la Cloche de Saint Joseph, la Cloche de Saint Charles, la Cloche de Sainte Elisabeth, & ainsi de tous les autres Saints & Saintes, pour montrer que ces Cloches ne sont pas proprement baptisées, nommées, & bénites comme des Créatures raisonnables; mais seulement que par cette Onction elles sont destinées pour être comme le signal extérieur & le pieux instrument dont les Saints se servent pour nous avertir de nos devoirs, & pour nous assembler à l'Eglise de la part de Dieu; comme nous voyons que les Princes se servent de Trompettes & de Tambours pour assembler leurs Sujets, & leur faire connoître leur volonté.

Ainsi les Cloches étant destinées & ayant d'ordinaire une propriété admirable pour élever par leur son mélodieux nos cœurs

& nos esprits à Dieu, & nous exciter à chanter ses louanges, un véritable Chrétien entendant par exemple la Cloche de Saint Louis, ne doit-il pas s'efforcer d'entrer dans les dispositions des Mages, qui à la vûe de l'étoile miraculeuse, ou plutôt à la voix de la grace qui leur annonçoit la naissance du Maître Souverain & du Sauveur des hommes, quitterent tout pour l'aller chercher & l'adorer? Ne doit-il pas se dire à lui-même? Entens-tu, mon ame, la voix du plus grand & du plus saint Roi de l'Univers qui t'invite *à tel exercice de piété*, ou *à telle œuvre de charité*! Serois-tu assez malheureuse pour résister aux avertissemens salutaires que te donne de la part de Dieu le Prince le plus accompli que le Ciel vit jamais sur le Trône? Prince doué de tous les plus grands sentimens & toutes les plus rares vertus que l'humanité & la Religion puissent jamais réunir dans un seul cœur chrétien. Prince si pieux & si zélé pour la justice & pour le bonheur de ses Sujets, qu'il se fit toute sa vie un devoir essentiel de défendre & de soutenir la veuve, l'orphelin & le pauvre, & d'être le pere de tous les affligés qu'il logea, nourrit & servit lui-même. Prince enfin, qui comme David, »dans toutes ses » œuvres a rendu à celui qui est Saint & » le Très-Haut des actions de graces par

» des Cantiques en son honneur ; a célébré » les louanges du Seigneur de tout son » cœur ; a aimé Dieu son Créateur, qui » l'avoit fortifié contre ses Ennemis ; a » établi des Chantres auprès de l'Autel du » Seigneur, pour y faire de doux concerts » de leurs voix ; a réglé d'une maniere dé- » cente & convenable, ce qui regarde les » Fêtes, & les a fait célébrer avec magni- » ficence, en faisant retentir dès le matin » le Sanctuaire du Seigneur des louanges » de son Saint Nom.

Voilà, mon ame, quel fut le saint Roi dont le Ciel se sert à ce moment pour te porter au bien & à la vertu. Hâte-toi donc de profiter d'une telle faveur, en suivant avec empressement l'attrait de la voix de cet Ange Tutélaire de la France, & cherchant comme lui toute ta gloire & ton bonheur, dans l'acquit de tes devoirs envers Dieu, envers le Prochain & envers toi-même.

CHAPITRE XII.

Respect des Anciens pour les Cloches, & à qui appartenoit la fonction de les sonner.

DAns l'ancienne Loi, Moyse avoit ordonné au Peuple d'Israël, & à toute leur postérité, de la part de Dieu, que les ſeuls Prêtres, enfans d'Aaron, ſonneroient des Trompettes, & qu'ils prononceroient à la tête de l'Armée ces paroles rapportées au 20e. Chapitre du Deuteronome. *Ecoutez, Iſrael, vous allez combattre vos Ennemis, ne craignez point, parce que le Seigneur eſt au milieu de vous : il combattra pour vous & vous garantira du danger.*

Nos Anciens ſe modélant, ſans doute, ſur cette religieuſe Ordonnance, à l'égard des Cloches de l'Egliſe, avoient tant de reſpect pour elles, & pour l'uſage auquel elles étoient deſtinées, que la fonction de les ſonner appartenoit aux Prêtres, ſurtout dans les Cathédrales. On les Appelloit *Klokmans*. Ce nom qui eſt de l'Allemand, ou de l'ancien Celtique, ou de l'ancien Franc, & qui ſignifie hommes de Cloches, eſt encore en uſage dans l'Egliſe d'Amiens.

Saint Benoît dans le 47e. Chapitre de ſa Régle, veut que ce ſoit l'Abbé qui ait ſoin d'aſſembler la Communauté à l'Egliſe à chaque heure de l'Office Divin, tant du jour que de la nuit, ou qu'il en charge un autre Religieux ſi ſoigneux & ſi vigilant, que tout ſe faſſe ponctuellement au tems marqué.

C'eſt encore aujourd'hui la coutume des Chartreux, que tous les Religieux de Chœur, Prêtres & autres, excepté le Prieur

Prieur ou celui qui tient sa place en son absence, & ceux qui en sont dispensés pour raison d'infirmités, sonnent l'un après l'autre le second coup de chaque Office, qui est aussi le dernier, & prennent alternativement, à mesure qu'ils arrivent, & sans distinction d'âge ni de profession, la corde de la Cloche, pour se soulager, jusqu'à ce que toute la Communauté soit assemblée, & que le Prieur, ou autre Président du Chœur en son absence, donne le signal pour cesser.

C'est aussi un usage chez les Carmes Déchaussés, que dans toutes les Maisons où il ne se trouve ni Novices ni Etudians, les Prêtres si âgés & si distingués qu'ils soient, fassent tour à tour leur semaine de Sonneurs pour tous les Offices, excepté Matine & Prime que les Freres Convers sont obligés de sonner.

Il en est à peu près de même dans la plûpart des autres Communautés un peu régulieres de toutes sortes d'Ordres, même de Chanoines Réguliers, où les derniers Prêtres sont obligés de suppléer par gradation, au défaut des Novices & Etudians, Diacres & Soudiacres, suivant le nombre de Cloches qui se trouvent à sonner dans les différens Monasteres. Et c'est pour cela que dans la plûpart des anciennes Eglises les Clochers sont ou sur le

Chœur, ou fort proche du Chœur.

Présentement on regarde le soin de sonner les Cloches, comme une des fonctions de l'un des quatre Ordres mineurs, appellé l'Ordre de Portier. Et depuis que les Bedeaux & autres Laïques font dans l'Eglise la plûpart des fonctions des Portiers, on leur laisse faire celle-là comme les autres, souvent en état de péché, & sans aucun sentiment de piété ni de respect, & comme un pur métier pour gagner leur vie. Mais il est plus conforme à l'esprit de l'Eglise que ce soient des Clercs qui revêtus de Surplis sonnent les Cloches, au moins celles qui ne sont pas d'une grosseur extraordinaire ; car celles ci sont sonnées par des Laïques, parce qu'il est difficile de faire autrement. Et c'est pour cela que dans la plûpart des Eglises considérables, outre les grosses Cloches qui sont suspendues dans les Tours, il y en a de plus petites suspendues au milieu de l'Eglise dans un Clocher proche du Chœur ; lesquelles devroient être sonnées par des Ecclésiastiques revêtus de Surplis, parce qu'ils font en cela une fonction de leurs Ordres. Cela doit encore se pratiquer ainsi en quelques endroits de ce Royaume, entr'autres à Notre-Dame de Paris, & principalement à Notre-Dame de Chartres, dont on voit les Clochers de sept lieues loin, & où il y a six Clercs appellés Marguilliers, expressément institués & destinés pour sonner les six Cloches du Chœur en habit clérical, c'est-à-dire, en Soutane & surplis.

Le mot de Marguillier vient de *Matricularius*. La Matricule étoit un Registre public, où l'on enrôloit les Pauvres qui demandoient l'aumône à la porte des Eglises, & les Marguilliers étoient les Gardes de ces Registres & les Distributeurs de ces aumônes. Depuis on l'a dit de ceux qui ont eu le soin & la garde du revenu des Eglises. Berel le dérive de Maire de l'Eglise. Originairement on choisissoit quelques-uns d'entre ces Pauvres qui étoient aux portes des Eglises pour y rendre les menus services, comme de les balayer, de les orner, & de sonner les Cloches. Les Marguilliers d'aujourd'hui ont pris leur place, & se tenoient autrefois aux portes des Eglises pour les garder & avoir soin des autres Pauvres. On a depuis établi des Marguilliers dans les Cathédrales à l'imitation des Paroisses. Odon Evêque en a établi dans l'Eglise de Paris, quatre Clercs, & quatre Laïques, qui à cause de leur Marguillerie faisoient un hommage-lige à l'Evêque. Ils devoient garder l'Eglise & sonner les Cloches.

A l'Abbaye des Dames Chanoinesses nobles de Remiremont, Diocèse de Toul en

Lorraine, le Clerc qui gouverne la Sonnerie s'appelle Clocher. *Campanis præfectus.*

CHAPITRE XIII.

Abus qu'il faut éviter par rapport aux Cloches, & les motifs qui doivent nous y engager.

SI nous ne sommes pas assez religieux pour imiter le juste & pieux respect des Anciens pour les Cloches, en ce qui concerne la fonction de les sonner, il doit du moins nous détourner de tous les abus qui pourroient se commettre à leur égard. 1°. De faire quelque superstition quand on fond le Métal destiné à les faire.

2°. De les sonner pour des usages prophanes.

3°. D'en faire comme son jouet & son divertissement, & de les sonner sans aucune régle ni discrétion, principalement pour les morts.

4°. De sonner sur elles en carillon des airs lascifs & prophanes, c'est-à-dire, des airs déterminés par l'usage à des chansons prophanes, ou qui ont été faits pour le Théatre.

5°. De les laisser sonner par des femmes, excepté dans les Monasteres de Filles, où il n'eſt pas poſſible de faire autrement. D'ailleurs la qualité d'Epouſes de J. C. par le vœu de virginité & par toutes les autres vertus de Religion, leur tient lieu de la grace que les Portiers reçoivent pour cela dans leur Ordination, comme on le verra ci-après.

Ces pieux égards pour les Cloches paroîtront bien juſtes & bien raiſonnables à quiconque voudra faire attention à leur véritable deſtination & utilité, dont on a déja parlé, & dont on ne rougit point de faire encore ici une petite récapitulation; mais de maniere à être perſuadé d'avance, que les perſonnes vertueuſes, loin de ſe plaindre de ſemblables répétitions, n'en ſeront que plus ſatisfaites & plus édifiées.

Premierement donc, les Cloches ſont les pieux inſtrumens dont l'Egliſe militante ſe ſert comme de Trompettes, pour nous convier au ſervice de Dieu, & à tous les autres exercices publics de piété, comme aux armes propres à combattre les ennemis de notre ſalut, & de notre tranquillité, qui ſont les Démons. C'eſt pourquoi l'Egliſe dans la bénédiction des Cloches implore l'aſſiſtance & la vertu du Saint-Eſprit, *aſſiſtat ſuper eam virtus Spiritus Sancti.*

2°. Par leur bénédiction nous demandons à Dieu, que quand leur ſon frappera nos oreilles, il lui plaise toucher notre cœur. *Et cùm clangorem illius audierint filii Christianorum, crescat in eis devotionis augmentum, ut festinantes ad pia matris Ecclesiæ gremium, cantent tibi in Ecclesia Sanctorum canticum novum, deferentes in sono præconium tubæ, modulationem psalterii, suavitatem organi, exultationem tympani, jucunditatem cymbali: quatenus in templo sancto gloriæ tuæ suis obsequiis & precibus invitare valeant multitudinem exercitus Angelorum.*

3°. Il semble que les Cloches soient la voix & le cri public qui demande miséricorde pour nous, comme on a dû le remarquer au Chapitre dixiéme des Nombres rapporté au commencement du second Chapitre de ce Recüeil, & où il est dit: *Si vous sortez de votre Païs pour aller à la guerre contre vos ennemis qui vous combattent, vous ferez un bruit éclatant avec ces Trompettes, & le Seigneur votre Dieu se souviendra de vous pour vous délivrer des mains de vos ennemis.*

Nos Cloches consacrées par les Prieres de l'Eglise auroient-elles donc moins de vertu? En effet, il semble que d'un côté, l'Eglise par le son de ces sacrés instrumens appelle Dieu à son secours, & que de l'autre, elle nous anime à la Prière & aux bonnes pensées, pour nous en rendre dignes. Car un véritable Chrétien ne peut gueres entendre des Cloches tant soit peu éclatantes & harmonieuses, sans ressentir en soi quelque religieuse & salutaire émotion, quand elles sonnent en volée ou en carillon pour une Fête ou pour les Offices ordinaires de l'Eglise, ou quand elles sonnent pour les Défunts ou pour tel sujet de tristesse ou de joye que ce puisse être, tant il semble que Dieu anime le son de ce métal pour pénétrer nos cœurs. On ose même avancer qu'il est peu d'ames vertueuses & sensibles à l'harmonie des belles Cloches, qui ne dûssent être charmées de se trouver de tems en tems à portée d'entendre le Pardon qui se tinte tous les jours de l'année à sept heures du soir dans l'Eglise de Paris, avec le battant bridé d'une grosse Cloche destinée à cet effet, avant que d'en sonner en volée une autre qui est différente, suivant la dignité des jours ou des Fêtes. Car ce Pardon ou tintement de Cloche appellé vulgairement *le Couvre-feu des Chanoines*, & qui est vraisemblablement l'*Angelus* du soir, surtout lorsqu'on peut l'entendre dans une distance raisonnable, est tout ensemble si harmonieux & si touchant, que pour peu que l'on soit capable de sentiment, on ne peut y prêter un moment d'attention, sans être à l'instant assailli d'une foule de réflexions salutaires & de pensées morales, & saisi des plus tendres mouvemens de piété & de componction, soit l'Eté sur le déclin du jour, soit l'Hyver dans les ténébres de la nuit & aux approches de l'heure du sommeil, qui est l'image de la mort, dont la seule pensée fait frémir les plus justes. Si donc les Cloches par elles-mêmes ne sont pas capables d'émouvoir la miséricorde de Dieu, du moins ne sçauroit-on nier qu'elles ne nous appellent & ne nous assemblent à l'Eglise pour invoquer sa divine bonté, ou qu'elles ne nous avertissent de le faire en notre particulier.

4°. En beaucoup d'endroits de ce Royaume, s'il y a des Malades à l'agonie ou des femmes en dangereux travail d'enfant, la Cloche sonne & avertit le reste des habitans du lieu de prier Dieu à leur intention.

5°. Le son des Cloches est encore utile aux morts, & il semble qu'elles leur servent comme de voix pour nous exciter à la compassion & à les aider de nos prieres & de nos charités, en nous avertissant que nous devons nous attendre à les suivre un jour, puisque nous sommes faits comme eux.

6°. Les Cloches, comme on l'a déja dit plusieurs fois, nous servent pour détourner les orages, les grêles & autres malignités de l'air, ce qui réussit assez ordinairement, non pas à cause du bruit qu'elles font, comme plusieurs se le persuadent, prétendant que la force de ce son repousse les nuées & dissipe leur épaisseur, à quoi il y a fort peu d'apparence. Mais pour parler en vrais Chrétiens, nous devons penser que quand cela arrive, c'est par la vertu divine de leur consécration & des prieres que l'Eglise fait en les bénissant.

En effet, puisque le principal usage des Cloches est d'assembler le Clergé pour chanter nuit & jour les louanges du Seigneur, & d'inviter le Peuple à y assister & y contribuer de tout son possible, pour porter le zéle & la ferveur des uns & des autres à une plus grande dévotion & perfection; il n'est pas surprenant, si ce bruit qui appelle ainsi les Soldats de J. C. à leurs fonctions & qui met en fuite leurs ennemis, qui sont les esprits malins, à la vertu de détourner les orages, les tempêtes & autres bourasques qui pourroient nuire aux fruits de la terre destinés à notre nourriture. Voilà pourquoi l'Eglise dans la cérémonie de la bénédiction des Cloches leur donne le nom de voix & de messager de Dieu, *vox Domini*, (dit-elle par application à ces vases sanctifiés) *confringentis cedros*. Le son de la Cloche brise les forces ennemies. *Vox Domini intercidentis*

tis flammam ignis. Le ſon de la Cloche met en pièces l'orage, écarte les Tonnerres, diſſipe la tempête. *Vox Domini præparantis cervos.* C'eſt-à-dire, que comme le bruit du Tonnerre fait enfanter les Biches, de même le ſon de la Cloche excite les ames fidéles à porter leurs déſirs & leurs vœux vers le Ciel. Et non contente de cela, cette divine Epouſe toujours conduite par le Saint-Eſprit, pour montrer davantage l'eſtime qu'elle fait des Cloches, a deſtiné pour elles des Officiers particuliers, ſçavoir les Portiers, leſquels en vertu de leur Ordre ſont chargés de les ſonner & diſtinguer les heures de la Priere tant du jour que de la nuit, ſuivant l'inſtruction que leur donne l'Evêque à l'Ordination, & les Prieres qui l'accompagnent. *Oſtiarium,* leur dit-il, *oportet percutere cymbalum & campanam.* Et après que l'Archidiacre ou ſon Vice-gerent leur a mis en main la corde des Cloches & les leur a fait ſonner, ils reviennent ſe mettre à genoux devant l'Evêque, lequel étant debout & tourné vers eux, dit, en parlant aux Aſſiſtans:

Deum Patrem omnipotentem, Fratres chariſſimi, ſuppliciter deprecemur, ut hos famulos ſuos bene † dicere dignetur, quos in officium oſtiariorum eligere dignatus eſt; ut ſit eis fideliſſima cura id domo Dei, diebus ac noctibus, ad diſtinctionem certarum horarum ad invocandum nomen Domini, adjuvante Domino nostro Jesu Christo, qui cum eo vivit & regnat in unitate Spiritus Sancti Deus, &c.

CHAPITRE XIV.

Conséquences qui naissent de tout ceci.

LA premiere, combien doivent être purs & le cœur & les levres de ceux qui prient & qui annoncent la parole de Dieu; puisqu'il faut une consécration particuliere pour des vases de métal destinés seulement pour appeller le Peuple aux Offices divins.

La seconde, combien le tems, les heures & la maniere de sonner doivent être réglés dans chaque Eglise & connus de tous les Fidéles, afin qu'ils puissent se rendre à leur devoir, de même qu'il ne se donne pas un coup de Trompette dans une armée que tous les Soldats ne sçachent ce qu'il signifie.

La troisiéme, l'estime que nous devons faire des Cloches, & avec quel soin nous devons empêcher les abus & irrévérences qui peuvent se commettre à leur égard, puisque nous voyons que l'on observe à leur bénédiction des cérémonies plus saintes & plus augustes que dans la sanctification des Ciboires ; & que cependant il n'est personne qui n'avoue, que quiconque se serviroit d'un Ciboire à des usages profanes, commettroit un horrible sacrilege.

La quatriéme, qu'il seroit à souhaiter que les Cloches ne fussent sonnées que par ceux qui ont reçu grace pour cela dans leur Ordination, c'est-à-dire par les Portiers, ou, que tout au moins ils veillassent soigneusement à ce que les Bedeaux & autres Laïques, qui sont aujourd'hui comme en possession de cette fonction, soient des gens sages & de bonnes mœurs, & incapables de commettre, ni souffrir qu'il se commette rien d'indigne ni d'indécent à l'égard des Cloches, ni dans les Clochers, où ils ne doivent jamais souffrir ni femmes ni filles seules, ni en compagnie d'autres, sans nécessité ou raison importante, & pour peu de tems, & en se contenant avec elles dans toutes les bornes de la modestie & de la bienséance chrétiennes. Ils doivent surtout éviter pareilles assemblées la nuit du premier au deuxiéme Novembre, qui est une occasion d'irrévérences & de désordres plus capables d'offenser & irriter Dieu, que de le fléchir en faveur des Morts. C'est pourquoi tant par cette raison que par l'incommodité qu'une sonnerie continuelle & désordonnée cause aux vivans, & surtout aux Malades, les réglemens des Evêques recommandent de tenir en tout tems les Clochers exactement fermés, & surtout le soir du jour de la Toussaints, avec défense de sonner plus tard que huit heures, & le lendemain jour des Trépassés, plutôt que six heures du matin.

CHAPITRE XV.

Conclusion de ce Recueil.

ENfin, tout ce qui a été dit jusqu'ici de nos Cloches, de leur origine, de leur usage, de leur Bénédiction, & des augustes & édifiantes Cérémonies que l'on y observe, suffit pour prouver évidemment & incontestablement qu'elles ne sont destinées qu'à la piété, à la charité, & à toutes sortes de bonnes œuvres, & que par conséquent elles ne peuvent être que fort agréables à Dieu, & qu'ainsi nous ne sçaurions les traiter avec trop de respect. C'est tout le plan & le principal but que l'on s'étoit proposé en entreprenant ce Recueil tant en faveur des jeunes Ecclésiastiques, Religieux & Religieuses, que des personnes pieuses de tout état & condition qui voudront s'édifier de sa lecture, & par ce moyen s'instruire parfaitement de tout ce qui concerne l'une des plus belles & des plus touchantes Cérémonies de la Religion, & en même tems la plus ignorée, & par conséquent la plus sujette à être mal faite par la plûpart de ceux qui en sont chargés, & à qui on a tâché de ne rien laisser ignorer, ni désirer de tout ce qu'il faut sçavoir & bien entendre, pour s'en acquitter avec autant de régularité que de facilité, & à la plus grande satisfaction & édification de tous les Assistans.

Il est vrai que l'on ne fait qu'indiquer les Pseaumes & la plûpart des Prieres que l'on employe dans cette Cérémonie, & donner par extrait les autres, malgré le pieux mérite & le plaisir sensible que l'on se seroit fait de mettre le tout en son entier & au long, en donnant à cet ouvrage une autre forme & le distribuant differemment, tant pour tenir lieu d'un véritable Rituel aux Officians & au Clergé séculier & régulier, dont ils seront assistés, que pour servir de Livre d'Eglise & pieux entretien aux personnes Laïques, & particulierement à celles qui entendent la Langue latine & qui voudront seconder le Chœur dans la récitation ou le chant des Pseaumes. Mais comme cela auroit doublé & peut-être triplé les frais d'impression, on n'a pas cru devoir s'y engager, sans s'assurer auparavant des sentimens du Public, dont on ne peut juger que par l'accueil plus ou moins favorable qu'il fera à cette premiere Edition. Tel jugement qu'il en puisse porter, on ose se flatter qu'il ne pourra au moins s'empêcher de la regarder, tant comme un tissu aussi ample & complet, que nouveau & édifiant de tout ce qui concerne les Cloches, leur usage & leur mérite, & les religieux égards qui leur sont dûs, que comme le commentaire le plus clair & le plus étendu qu'il soit possible de lui présenter, & qui ait encore paru sur le Rituel Romain, en ce qui concerne les Prieres & les Cérémonies de leur Bénédiction, insérées comme l'on voit pour la premiere fois dans cette espéce de Traité historique.

La crainte de paroître vouloir abuser de la crédulité & de la complaisance des Lecteurs, a empêché de le grossir davantage, en y ajoutant les merveilles que différens Ecrivains rapportent touchant les Cloches. En effet, loin d'oser leur présenter ici des faits évidemment fabuleux & ridicules de Sorciers & de Sorcieres, pour prouver le pouvoir du son des Cloches sur les esprits malins, & la crainte & l'aversion qu'ils en ont; faits fondés sur différentes déclarations que ces prétendus Sorciers & Sorcieres ont faites, que dans le tems que le Démon les rapportoit dans leur Maison au retour de leurs Assemblées vulgairement appellées *Sabat*, il les avoit laissé tomber & abandonnés, tantôt sur les chemins, tantôt sur le bord d'un fleuve, & tantôt parmi des broussailles & des halliers, au premier son des Cloches de l'Eglise, soit pour l'*Angelus*, soit pour le Service divin. Loin, on le répete, de présenter ici de pareils faits, on ne prétend pas même citer les suivans comme plus autentiques, ni plus capables d'augmenter ou diminuer le mérite essentiel des Cloches, & la profonde vénération que se sont universellement acquises ces sacrées Trompettes de l'Eglise militante. Les gens de la Religion Prétendue Réformée dans les premiers excès de leur fureur & de leur impiété, les ont tellement eu en horreur, qu'après avoir démoli ou brûlé la plupart des Eglises, ils les ont enlevées & brisées partout où ils ont pû, pour en faire des Canons & autres instrumens de guerre, jusqu'à ce que un peu revenus à eux-mêmes, & jugeant à propos d'épargner quelques Eglises pour les convertir en Prêches, ils ont aussi conservé les Cloches, mais pour les faire servir à des usages tous prophanes, & même à exciter quelquefois des meurtres & des séditions, autant que pour servir à les avertir des heures d'exercices de leur Religion.

Voici une histoire rapportée par Pierre le

le vénérable Abbé de Cluni. Un Religieux griévement tenté contre sa vocation, étant un jour seul dans sa Cellule pensif & désolé, le Diable se présenta devant lui en forme d'Abbé, feignant d'être Italien & d'être entré en qualité d'Hôte. Il lui persuada par ses discours qu'il connoissoit ses déplaisirs, & jugeoit bien que ses Supérieurs ne le traitoient pas suivant son mérite ; que s'il vouloit sortir il lui offroit place dans son Abbaye, où il seroit très-bien reçu. Comme ce Religieux commençoit à se rendre, Dieu duquel la providence ne manque jamais au besoin, & qui avoit réglé le tems de cet assaut le secourut à propos ; car le Réfectoire étant venu à sonner, le Diable disparut.

Gobelin dans la vie de saint Manulphe ou Menoux, rapporte que dans un Monastere qu'il nomme Bodekanse, il s'y fait un miracle continuel. Suivant cet Auteur, il y a dans ce Monastere une grande Cloche d'un son très-harmonieux, laquelle par respect on ne sonne que rarement ; mais lorsqu'une Religieuse de ce Monastere doit décéder, cette Cloche sonne d'elle-même en branle le jour & la nuit, sans que personne y touche.

Leonard Vair a écrit, comme chose très-certaine & attestée par les Viceroïs, que dans un Bourg de l'Arragon il y a une Cloche que les Habitans nomment la Cloche des Miracles, à laquelle Dieu a donné cette vertu, que lorsqu'il doit survenir quelque grand accident au désavantage du Christianisme, cette Cloche sonne d'elle-même sans que personne y mette la main.

On a aussi écrit que du tems de Grégoire II. saint Boniface Archevêque de Mayence, ayant été martyrisé ; comme l'on rapportoit son sacré corps dans son Diocése, dès qu'il entra dans le Pays, les Cloches commencerent à sonner en volée, avec un étonnement général de tout le Peuple.

Meyer raconte un miracle approchant, en faveur d'un pauvre homme trouvé mort de misere, pour l'enterrement duquel on refusoit de sonner les Cloches : car Dieu voulut que ses funérailles fussent honorées, & fit que tout à coup toutes les Cloches sonnerent d'elles-mêmes, sans que personne y touchât ; pour faire connoître que ce Pauvre, ainsi abandonné des hommes, ne l'étoit pas de sa bonté.

Si ces merveilles sont vrayes, comme elles ne peuvent avoir pour auteur que Dieu : louange, honneur & gloire lui en soient à jamais rendus.

AINSI SOIT-IL.

CE'RE'MONIES

Du Rituel de Paris, pour la bénédiction du métal ou fonte destinés à faire une Cloche.

LOrsque le métal est fondu & que la fonte est prête à couler dans le moule de la Cloche, le Prêtre qui s'est rendu à l'endroit du Laboratoire, revêtu d'un Surplis & d'une Etole blanche, & précédé de la Croix, de l'Eau-bénite, du Clergé & du Peuple, chante :

℣. *Adjutorium nostrum in nomine Domini.*

℟. *Qui fecit cœlum & terram.*

OREMUS.

Actiones nostras, quæsumus Domine, aspirando præveni, & adjuvando prosequere : ut cuncta nostra oratio & operatio à te semper incipiat, & per te cœpta finiatur. Per Christum Dominum nostrum. ℟. *Amen.*

Après cela on entonne l'Antienne *Psallite*, & le Pseaume 97. *Cantate Domino.... quia mirabilia fecit*, composé par David pour exhorter les Israëlites & toute la terre, à louer Dieu en vûe de ses bienfaits.

Après le *Gloria Patri, &c.* on reprend

l'Antienne, *Psallite Domino in voce psalmi, in tubis ductilibus.*

L'Antienne étant finie, on dit :

℣. *Confiteantur tibi Domine omnia opera tua.*

℟. *Et sancti tui benedicant tibi.*

OREMUS.

Per intercessionem beatæ Mariæ Virginis, & omnium Sanctorum, effunde quæsumus, Domine, benedictionem tuam super opus cultui tuo præparatum; & præsta ut signum fiat ad congregandos Fideles in laudem & gloriam nominis tui. Per Christum Dominum nostrum.

℟. *Amen.*

Ensuite le Prêtre jette de l'Eau-bénite en forme de Croix sur la fonte que le Fondeur laisse aussitôt couler dans le moule, & lorsqu'il est plein & par conséquent la Cloche faite, on chante l'Antienne, *Secundum*, & le Pseaume 47. *Magnus Dominus & laudabilis nimis*, composé par Josaphat Roi de Juda, ou par le Prophete Jahaziel, en actions de graces pour la victoire que Josaphat remporta sur les Ammonites, les Moabites & leurs Alliés, lorsque les Chantres du Temple, qu'il avoit placés à la tête de ses Troupes pour chanter les louanges de Dieu avec une décence digne de sa sainteté, n'eurent pas plutôt commencé à chanter, que le Seigneur tournant tous les desseins des Ennemis contre eux-mêmes ; ils s'entretuerent, & laisserent un butin très-précieux & très-considérable, après la levée duquel Juda retourna à Jerusalem & entra dans le Temple au son des Harpes, des Guitares & des Trompettes.

Après le *Gloria Patri*, *&c.* on reprend l'Antienne, *Secundum nomen tuum Deus, sic & laus tua in fines terræ.*

L'Antienne étant finie, on dit :

℣. *Sit nomen Domini benedictum.*

℟. *Ex hoc nunc & usque in seculum.*

OREMUS.

Quæsumus, omnipotens & misericors Deus, ut per id quod de tua benedictione percipimus, ad gratias majestati tuæ jugiter referendas excitemur ; Per Christum Dominum nostrum.

℟. *Amen.*

CEREMONIES *du Rituel de Paris, pour la bénédiction d'une Cloche.*

PRemiérement, la Cloche doit être suspendue dans la Nef de l'Eglise, de maniere que les Officians puissent tourner autour.

Secondement, on attache au bas du battant de la Cloche trois rubans de longueur, largeur & force suffisantes pour la tinter dans le tems & en la maniere ci-après marqués.

Troisiémemenr, on prépare auprès de la Cloche une Crédence sur laquelle on met les Livres convenables pour chanter la Leçon & l'Evangile marqués ci-après.

Le vase du saint Chrême, & de l'Huile des Infirmes, le Bénitier avec de l'Eau-bénite, & trois Aspersoirs ou Goupillons, la Navicule garnie d'Encens, de Myrrhe, & de Pastilles odoriférantes.

Trois Bassins, l'un garni de cotton, l'autre d'une Eguiere avec une petite Nappe, & le troisiéme de mie de pain, & de Serviettes blanches & pliées.

Quatriémement, on met auprès de la Crédence un Réchaud de feu, & une petite Pincette, pour en mettre dans les Encensoirs lorsqu'il en sera besoin.

Cinquiémement, on place dans un endroit convenable un Pupitre & des Siéges pour le Célébrant & ses Officiers.

Tout étant ainsi disposé, le Célébrant sort de la Sacristie, revêtu de l'Amit, de l'Aube, de la Ceinture, d'un Manipule, d'une Etole & d'une Chappe blanches, & précédé de deux Thuriferaires, de deux Acolytes, du Soudiacre & du Diacre habillés comme pour la Messe, & suivi de deux Chantres en Chappes blanches.

Etant arrivé au lieu où est la Cloche, & étant debout & découvert, il commence par implorer la miséricorde de Dieu & lui demander sa protection, en entonnant le Pseaume 66. *Deus misereatur nostri & benedicat nobis* : lequel, comme on l'a vû ci-devant, est une priere de David au sujet de la sécheresse & de la famine qui désola la terre d'Israël pendant trois ans.

Le Chœur continue ce Pseaume debout & découvert. Après le *Gloria Patri*, l'Exorciste présente le Bénitier au Célébrant, qui fait le signe de la croix dessus, en disant absolument & sur le ton des petites heures.

OREMUS.

Bene✝dic, Domine, hanc aquam benedictione cœlesti, &c.

Après cette Oraison, le Soudiacre chante au Pupitre la Leçon tirée du dixiéme Chapitre des Nombres, rapportée en françois au commencement du second Chapitre de ce Recueil.

Pendant cette Leçon le Clergé est assis & couvert, & après qu'elle est finie le Soudiacre reçoit à genoux la bénédiction du Célébrant, lequel aussitôt se léve avec le Clérgé, & demande à ceux qui sont choisis pour imposer le nom à la Cloche, sous le nom de quel Saint ils souhaitent qu'elle soit bénie.

Après leur réponse, on présente au Célébrant un des trois rubans attachés au bas du battant, afin qu'il puisse le tirer ainsi de ſa place & de ſon côté pour tinter trois fois la Cloche.

Cela étant fait, on préſente les deux autres rubans à chacun de ceux qui l'ont nommée, leſquels ſucceſſivement, de leur place & de leur côté la tintent auſſi chacun trois fois.

Enſuite le Célébrant étant debout & découvert entonne l'Antienne *Vox Domini*, que lui annonce le Chantre, qui en conformité entonne le Pſeaume 28. *Afferte Domino Filii Dei* : lequel, comme on l'a auſſi vû ci-devant, eſt un Cantique de David pour inviter les Iſraëlites à venir au Tabernacle reconnoître la ſuprême majeſté de Dieu & ſon infinie bonté à l'égard de ſon Peuple, dans le tems d'une pluye abondante, précédée & accompagnée d'un grand Tonnerre, que Dieu envoya pour faire ceſſer la ſéchereſſe & la famine.

Ce Pſeaume, comme on l'a dit auſſi, eſt d'autant mieux placé dans cette Cérémonie, qu'il eſt très-propre à être récité ou médité pendant les grands orages, & fournit d'admirables réflexions ſur la grandeur de Dieu.

Auſſitôt que ce Pſeaume eſt entonné, le Diacre donne l'Aſperſoir ou Goupillon au Célébrant, qui fait une fois le tour de la Cloche en jettant ſur elle de l'Eau-bénite. Le Diacre & le Soudiacre qui le ſuivent avec chacun un Goupillon, en font autant, & essuient ensuite la Cloche avec des Serviettes blanches. Pendant ce tems-là le Chœur chante le Pseaume *Afferte Domino*, à la fin duquel on dit *Gloria Patri*, & on reprend l'Antienne, *Vox Domini super aquas multas*, *Deus majestatis intonuit : Dominus super aquas multas*, pendant laquelle le Célébrant lave ses mains. Ensuite le Diacre lui présente le vase de l'huile des Infirmes, dont il prend avec le poulce de la main droite, & en fait un signe de croix sur la Cloche, à l'endroit où est gravée l'image de la Croix, après quoi il dit :

OREMUS.

Deus qui per beatum Moysem, famulum tuum, &c.

Après cette Oraison, le Célébrant essuie avec du cotton l'onction qu'il vient de faire, & son poulce avec de la mie de pain. Ensuite il entonne l'Antienne *Buccinate*, que lui a annoncée le Chantre, qui aussitôt entonne le Pseaume 80. *Exultate Deo adjutori nostro*, composé par David, & adressé aux Prêtres & aux Lévites, tant pour être chanté à la Fête des Trompettes, que pour leur servir à instruire le Peuple au sujet de cette Fête, qui se célébroit le premier jour du septieme mois, [illegible]toit le premier de l'année civile. Il rapporte l'origine & l'établissement de cette Féte ; il décrit l'ingratitude des Juifs, & les bienfaits de Dieu à leur égard.

Pendant que ce Pseaume se chante, le Célébrant fait avec le poulce de la main droite sur le dehors de la Cloche, dans les sept endroits marqués, sept onctions en forme de croix avec l'huile des Infirmes, & quatre pareilles onctions avec le saint Chrême en-dedans, aussi aux endroits marqués, en disant à chacune de ces onze onctions, *Sancti † ficetur & conse † cretur, Domine, signum istud, in nomine Patris, & Filii, & Spiritus sancti, sub Patrocinio sancti N.*

Le Diacre & le Soudiacre essuient ces onctions avec du cotton, après quoi le Célébrant & ses deux Officiers essuient leurs mains avec de la mie de pain, puis les lavent avec de l'eau de l'éguiere dont on a parlé.

Après le Pseaume *Exultate Deo adjutori nostro*, le *Gloria Patri*, & la reprise de l'Antienne *Buccinate in neomœnia tuba, in insigni die solemnitatis vestra*, le Célébrant étant debout, dit:

OREMUS.

Omnipotens sempiterne Deus, qui ante Arcana fœderis, &c.

Après cette Oraison, le Célébrant entonne l'Antienne *Laudate*, que lui annonce le Chantre, qui en conformité entonne le Pseaume 150. *Laudate Dominum in Sanctis ejus*, composé, comme on l'a aussi rapporté ci-devant, par David; après qu'il eut établi nommément plusieurs Lévites pour chanter devant l'Arche les louanges du Seigneur sur l'Orgue, sur le Psalterion, & sur les Cymbales, & quelques Prêtres pour sonner de la Trompette. C'est sur-tout à eux que ce Pseaume semble être adressé, pour les exhorter à louer Dieu de vive voix & au son de leurs Instrumens.

Aussitôt que ce Pseaume est entonné, le Célébrant étant assis, le Diacre lui présente l'Encensoir, & le Soudiacre la Navicule pour mettre des parfums dans l'Encensoir, sans faire de bénédiction dessus. Après cela le Diacre met l'Encensoir sous la Cloche, d'où on ne le retire qu'après toute la Cérémonie. Pendant ce tems-là on chante le Pseaume *Laudate Dominum in Sanctis ejus*, dont on vient de parler, & à la fin duquel on dit *Gloria Patri*; & on reprend l'Antienne *Laudate Dominum in sono tubæ, laudate eum in Timpano & Cymbalis benesonantibus*.

L'Antienne étant finie, & le Célébrant debout, dit:

ORE MUS.

Omnipotens Dominator Christe, &c. après laquelle ayant béni l'Encens, le Diacre prend le Livre des Evangiles, & dit à genoux; *Munda cor meum, &c.* puis ayant demandé la bénédiction au Célébrant, en lui disant à l'ordinaire, *Jube Domne benedicere*, il se rend au Pupitre précédé d'un Thuriféraire, des Acolytes & du Soudiacre, & chante solemnellement, comme à la Messe, l'Evangile tiré du 24me Chapitre de St. Matthieu. *In illo tempore dixit Jesus Discipulis suis: sicut fulgur exit ab oriente, &c.*

L'Evangile étant fini, le Soudiacre porte baiser le Livre ouvert au Célébrant, qui fait ensuite un signe de croix sur la Cloche sans rien dire, & s'en retourne à la Sacristie dans le même ordre qu'il étoit venu.

FIN.

AVIS
sur la Clef des Pseaumes.

COmme rien ne flatte davantage un cœur sensible aux intérêts & à l'accroissement de la Religion, de la pieté & de la vertu, que les Ouvrages propres à en inspirer les sentimens; & que ce que l'on a dit dans le sixiéme Chapitre de ce Recueil, page 45, ligne 13, touchant *la Clef des Pseaumes, ou l'occasion précise à laquelle ils ont été composés, pour en faciliter l'intelligence*, n'est pas suffisant pour donner aux Ames vertueuses toute l'idée qu'elles concevroient d'abord du mérite & de la beauté de cet Ouvrage, par un détail un peu plus étendu & plus circonstancié, on croit devoir le placer ici.

1°. Cet Ouvrage, qui jusqu'ici paroît faire l'admiration & les délices de tous ceux qui le possedent, est en un volume in-12, fort mince, & par conséquent très-portatif, lequel se vend à Paris, chez la veuve Lamesle, rue vieille Bouclerie, & dont le prix est de trente sols relié, & de vingt sols broché.

2°. C'est le précis le plus curieux qui ait jamais paru sur les Pseaumes, & en même-tems le plus propre à faire prendre de bonne heure, tant aux jeunes Ecclésiastiques, Religieux & Religieuses, que l'on y a eu particulierement en vûe, qu'aux personnes pieuses de tout état & condition, l'esprit & l'amour de ces sacrés Cantiques, qui contiennent, sans doute, un objet plus intéressant que les actions, les périls & les victoires du saint Roi qui les a composés par l'inspiration du Saint Esprit, à l'occasion des différens états par lesquels Dieu l'a fait passer, & des divers événemens qui ont partagé sa vie; puisque l'Eglise s'en occupe autant qu'elle fait: car elle y cherche sa consolation, elle y voit ses besoins, ses ennemis, ses épreuves, ses dangers, ses craintes, ses espérances, ses actions de grace; elle s'en sert pour remercier Dieu de tout ce qu'il a fait & fait tous les jours pour elle par la médiation de J. C. son Epoux; elle les applique aux différens états & aux différens Mysteres de son Rédempteur; enfin elle en tire toutes ses prieres, & elle les met continuellement dans la bouche de ses enfans & de ses Ministres, pour en nourrir leur pieté à toutes les heures du jour.

3°. Comme les Pseaumes ne sont point rangés dans la Bible, selon l'ordre des tems ausquels on présume qu'ils ont été compoſés & ont rapport ; & que cette diſpoſition eſt la plus naturelle & la plus propre à les bien faire entendre : c'eſt préciſément ſur ce plan que l'on a dreſſé ce petit écrit, qui doit faire d'autant plus de plaiſir aux Amateurs de ces ſacrés Cantiques, que l'on ne trouve rien, ſinon de pareil, du moins de ſi précis, & peut-être même, ſi on l'oſe dire, de ſi lumineux dans les Interprêtes qui ont fait juſqu'ici des Commentaires & des Notes ſur les Pſeaumes, & dont la plûpart ſe ſont contentés de marquer en général l'occaſion des Pſeaumes, au lieu que l'on trouvera ici l'occaſion préciſe à laquelle on préſume qu'ils ont été compoſés.

4°. Les Pſeaumes y ſont partagés en huit Claſſes, ou en huit Parties.

La premiére, contient les Pſeaumes compoſés par David dès qu'il eut été ſacré par Samuel, à l'âge de ſeize ans, juſqu'à la perſécution de Saül ; ce qui comprend l'eſpace de ſept ans.

La ſeconde, les Pſeaumes compoſés par David pendant la perſécution de Saül, laquelle dura juſqu'à la mort de ce Prince, c'eſt-à-dire ſept ans, David étant âgé de vingt-trois ans lorſqu'elle commença, & de trente lorſqu'elle finit.

La troiſiéme, les Pſeaumes compoſés par David depuis qu'il fut monté ſur le Trône, juſqu'au tranſport de l'Arche d'Alliance à Jéruſalem : ce qui comprend l'eſpace de dix ans. Il en avoit trente lorſqu'il commença à régner.

La quatriéme, les Pſeaumes compoſés par

David au sujet du transport de l'Arche à Jérusalem, sur la montagne de Sion, dans le Tabernacle qu'il venoit d'y faire dresser.

La cinquiéme, les Pseaumes composés p. David au sujet de ses grandes guerres contre les Philistins, les Moabites, les Siriens, & les Iduméens, & de sa pénitence.

La sixiéme, les Pseaumes composés par David pendant la révolte de son fils Absalom; David étant âgé de soixante & deux ans lorsqu'elle commença.

La septiéme, les Pseaumes composés par David après la défaite d'Absalom & de son parti, & depuis qu'il eut été rétabli sur le Trône, jusqu'à la fin de sa vie: ce qui comprend l'espace de neuf ans, David étant dans la soixante & onziéme année de son âge.

La huitiéme, les Pseaumes composés par différens Prophètes depuis la mort de David, jusqu'à la fin de la captivité de Babilone. Ces derniers Pseaumes sont au nombre de quatorze, & comme ils parlent visiblement de faits postérieurs au tems de David, on n'a pû se persuader qu'ils fussent de lui, quelque penchant que l'on ait à le croire Auteur de tous les Pseaumes.

6°. Pour plus de précision & de netteté, on a subdivisé chacune de ces huit Parties de Pseaumes en plusieurs Paragraphes.

Ce n'est que par la lecture de ce petit Ouvrage que les personnes au fait de ces sortes de matiéres pourront juger si son Auteur a aussi bien rencontré, que la rapidité de son débit semble l'annoncer.

A LA PLUS GRANDE GLOIRE DE DIEU.

F I N.

www.ingramcontent.com/pod-product-compliance
Lightning Source LLC
LaVergne TN
LVHW020344230826
846091LV00003B/977

* 9 7 8 2 0 1 2 8 5 1 5 9 7 *